新 潮 文 庫

テロルの原点

安田善次郎暗殺事件

中 島 岳 志 著

新 潮 社 版

11718

目次

テロルの原点

安田善次郎暗殺事件

凡例

史料ならびに新聞記事に関しては、読みやすさに鑑み、当時の文章に適宜句読点を加え、漢字を新字体に改め、読み仮名を付した。

1921年９月12日の朝日平吾。写真館で撮影。
その約半月後、平吾はテロを決行する。
（奥野貫『嗚呼朝日平吾』より）

文庫版まえがき

二〇二二年七月八日一一時三一分。

奈良市の近鉄大和西大寺《やまとさいだいじ》駅前で選挙演説中の安倍《あべ》晋三《しんぞう》元首相が銃撃された。現行犯で逮捕されたのは、四一歳の山上徹也《やまがみてつや》容疑者だった。彼は特定の宗教団体（のちに旧統一教会と判明）に恨みを持ち、安倍元首相が教団と親密な関係にあることを念頭に事件を起こしたと報じられた。さらに、約二〇年間にわたって職を転々としていたことや生きづらさを抱えていたことも、報じられた。

――「最も恐れていたことが起きてしまった」。

これが事件を受けての、私の率直な思いだった。

本書のもとになった『朝日《あさひ》平吾《へいご》の鬱屈《うっくつ》』（筑摩書房）を出版したのは二〇〇九年九月。前年六月に起きた秋葉原事件が、執筆のきっかけだった。

秋葉原事件を起こした加藤智大《かとうともひろ》は、山上と同様、母親との間に不和を抱え、地元の難関校に進みながらも、四年制大学は受験せず、その後、職を転々とした。自殺未遂も起こし、携帯電話サイトの掲示板にはまり込む中、ネット上に現れた「なりすまし」や「荒らし」への怒りがきっかけとなって、事件を起こした。

秋葉原事件の特徴は「無差別殺傷」という点にある。日曜日の昼過ぎ、秋葉原の歩行者天国にたまたま居合わせた人たちを、次々に殺傷した。

加藤は、深い生きづらさを抱えていた。しかし、その苦しみが何によって生じ、何によって強いられているのか、本人には見えなかった。彼は、湧《わ》き上がる憤《いきどお》りと暴力衝動を、どこに向ければいいのか、わからなかった。その結果、彼にとっての「世界の中心」だった秋葉原で、無差別殺傷事件を起こすに至った。

「無差別」は、「ターゲットが不明瞭《ふめいりょう》であること」と表裏一体の関係にある。自分の苦しみを生み出している者を、名指しすることができない。その相手が誰なのかが判然とせず、茫漠《ぼうばく》としている。苦しみの先に霞《かすみ》がかかっている。そんな「敵の見えない社会」こそが、現代のシステム社会の特徴であり、無差別殺傷事件の要因なのではないかと考えた。

同時に思ったことがある。

今後、ターゲットを明確化していったらどうなるか。秋葉原事件の延長上に政治テロがありうるのではないか。

私の関心は、戦前期の日本に向かった。

大正半ば、第一次世界大戦終結によって成金の時代が終わり、不況が押し寄せた。その後、不景気は長期化し、世の中は深刻な格差社会になった。

若い世代を中心に不遇感と鬱屈が充満した。一部の人間に富が集中することの不満と共に、世の中から認められず、不幸を抱え込むことへのいら立ちが鬱積していた。

そんな中、起きたのが一九二一年九月の安田《やすだ》善次郎《ぜんじろう》刺殺事件だった。犯人は朝日平吾。当時三一歳で、定職にはついていなかった。彼は若き日に実母を亡《な》くしたことから家庭不和を経験し、大学中退後、陸軍第一八師団に入隊。数年で除隊した後、大陸に渡って飛躍のチャンスをつかもうとしたが、うまくいかなかった。

承認欲求が満たされず、家族とも折り合いが悪い中、次第に政治運動や労働運動に接近した。政党を立ち上げようとしたものの挫折《ざせつ》。財閥の有力者に労働者救済のための提案を行ったものの、相手にされず、世の中への不満が膨らんだ。そして、安田財閥のトップを暗殺するテロに及んだ。

この事件は、テロの連鎖を生み出した。事件から約一カ月後には、東京駅で時の首相・原敬《はらたかし》が暗殺された。犯人は一八歳の青年・中岡艮一《なかおかこんいち》。彼は大塚駅の転轍手《てんてつしゅ》として働く労働者で、信頼する上司が朝日平吾の犯行を称賛していることに影響を受けたと供述した。

戦前の日本では、無差別殺人ではなく、特定の人物を狙《ねら》ったテロが頻発した。当時の日本では「一君万民《いっくんばんみん》」という「国体」が、大きな物語として共有されていた。「一君万民」とは、超越的な天皇のもと、すべての国民は一般化され、平等化されるという世界観である。

当時、生きづらさを抱え、不幸感にさいなまれた若者は、「一君万民」という「国体」を根拠に、支配階層への敵意を強めていった。

――天皇のもとすべての国民が平等であるにもかかわらず、格差や貧困、生きづらさが存在するのは、天皇と国民の間に入って邪魔をしている輩《やから》がいるからだ。この存在が、君民一体の共同性に亀裂《きれつ》を生み出し、利益を独占している。一部の資本家や政治家、宮中側近のような「阻害物」を除去することによってこそ、真の平等社会が現れ、苦悩からの救済が成立する。

そんな構想が、一部の人たちの間で共有されていった。彼らは、天皇と国民を分断する存在を「君側《くんそく》の奸《かん》」と呼び、殺意を向けていった。

戦前期の若者の生きづらさは、その暴力の矛先を徐々に絞っていった。誰が「君側の奸」に当たるのかは、テロリストの主観に依拠する。そのカテゴリーは、抽象的でありながら、抹殺すべき敵は具体的かつ個別的に明示される。

これが戦前期のテロの特徴だった。

秋葉原事件からしばらくの間、同様の無差別殺傷事件が相次いだ。二〇一〇年に起きたマツダ本社工場連続殺傷事件では、マツダの元期間従業員が逮捕されたが、彼は供述の中で「秋葉原事件のようにしてやろうと思った」と述べた。

しかし、その後、事件の性質が徐々に変化してくる。「津久井《つくい》やまゆり園」障がい者施設殺傷事件（一六年）、京都アニメーション放火殺人事件（一九年）、小田急乗客刺傷事件（二一年）では、それぞれ障がい者や企業、女性などが憎悪の的となり、殺意が向けられた。近年の事件は「無差別」と言えなくなってきていた。

そのような中で、安倍晋三元首相の殺害事件が起きた。暴力のターゲットが、この一〇年間の最大の権力者に向けられ、殺害が実行された。「最も恐れていたこと」が起きてしまったのである。

一九二一年に起きた安田善次郎刺殺事件に至るプロセスと事件後の経緯は、現代社会を生きる我々にとって、極めて示唆《しさ》的である。無差別殺傷事件から次の段階に踏み込んだ現在において、一九二〇年代から三〇年代におきた一連のテロ・クーデター事件の顛末《てんまつ》は、「いま」と「これから」を考える上で、重要な手掛かりとなる。

朝日平吾とは、一体何者だったのか。安田善次郎刺殺事件は、その後の日本をどこに導いたのか。

歴史を凝視することで、現在の私たちを見つめたい。

はじめに

一九二一年九月二八日――大磯

大磯の空は広い。

海岸には、サーフィンを楽しむ若者があふれ、山側には閑静な住宅地が広がる。

太平洋に面して広がるこの町は冬でも温暖で、文豪・島崎藤村《しまざきとうそん》は、この地を晩年の安住の地とした。また、山県有朋《やまがたありとも》、陸奥宗光《むつむねみつ》、伊藤博文、大隈重信《おおくましげのぶ》、西園寺公望《さいおんじきんもち》、加《か》藤高明《とうたかあき》、岩崎弥之助、古河市兵衛《ふるかわいちべえ》、吉田茂など錚々《そうそう》たる政財界の有力者がここに別荘や本宅を構え、多くの政治ドラマの舞台となってきた。今でも、ひっそりとした住宅地を歩くと、その当時の面影を感じることができる。

ＪＲ大磯駅から線路沿いに東へ向かうと、大磯町の商工会館がある。その角の交差点から線路をくぐって山側に行くと、二～三メートルほどの幅の小さなせせらぎに出会う。三沢川と名づけられたこの小川を渡れば、戦後を代表する保守思想家・福田《ふくだ》恆《つね》存《あり》の旧宅が見える。穏やかな時間に包まれたこの町を歩いていると、和服姿の福田が今もすぐそこにいるような錯覚に陥るが、うたかたのまどろみは、時折通るけたたましい電車の音によって、不意にかき消される。

さて、三沢川のあたりに、緑と水色の目立つ看板が立てられている。

「安田不動産大磯寮―旧安田別邸」

この看板の矢印に従い、川に沿って造られた道を登っていくと、安田財閥の創始者・安田善次郎の旧別邸にたどり着く。山に寄り添うように建てられた邸宅は広大な敷地を有し、手入れの行き届いた庭が広がっている。邸内は静寂に包まれ、風に揺れる葉音だけが聞こえてくる。

一九二一年九月二八日、午前九時三〇分。

この静かな邸宅に、大きな悲鳴が響き渡った。

偽名を使って安田善次郎に面会した青年が、持参した刃物で安田を惨殺《ざんさつ》し、自らも咽喉《のど》を切って、その場で自死したのである。世に言う「安田善次郎刺殺事件」である。

犯人の名は、朝日平吾。

彼は当時三一歳で、労働運動に携わる無名の人間であった。

血の海となった応接間の机上には、朝日が安田に提示した「労働ホテル」建設の趣意書が散乱していた。彼は、安田に対して、貧困に苦しむ下層労働者の宿泊施設建設のための寄付を迫り、それを拒絶されると、刃物を取り出して襲いかかったのである。

朝日は、事件二日前から、安田邸に隣接する旅館・長生館に泊まりこみ、安田の動向を探っていた。また連日、面会を求め、門を叩《たた》いた。事件前日は、許されなかったが、当日の朝、安田はこの見知らぬ来客と会うことを許可し、しぶしぶ邸内に招き入れた。

そして、事件は起こった。

この一件は、その日のうちに東京に伝わり、中心街では号外が売られた。夕方には、犯人が朝日平吾であると判明し、彼の遺書や殺害の意図を示した斬奸状《ざんかんじょう》が発見されると、一部の新聞は急いで活字化し、掲載した。しかし、これは即刻、発禁処分となり、回収が命じられた。

世を震撼《しんかん》させ、大騒動を巻き起こしたこの事件は、これで終わらなかった。

約一カ月後の一一月四日。

今度は、東京駅で時の首相・原敬《はらたかし》が刺殺された。

犯人は一八歳の青年・中岡艮一《なかおかこんいち》。

彼は大塚駅で転轍手《てんてつしゅ》を務める労働者だった。彼は取り調べの中で、朝日平吾の事件に影響を受けて、原敬暗殺を決行したと自供した。

大正後期に起こった二つの事件は、のちの浜口雄幸《はまぐちおさち》狙撃事件や血盟団事件などのテロ事件、五・一五事件、二・二六事件といったクーデター事件の引き金となった。そして結果的に、一連の昭和維新運動は軍部の力によって抑え込まれ、軍部の暴力の拡大化と正当化を許すこととなった。

久野収《くのおさむ》は、『現代日本の思想』（鶴見俊輔との共著、岩波新書）の中で、朝日平吾を「昭和維新の思想」の先駆けと捉《とら》え、次のように論じている。

> 朝日の遺書は、明治以来の伝統的国家主義の主柱であった元老、重臣、新旧の華族、軍閥、財閥、政党の首脳を、だれかれの別なく、悪の元兇と断じ、かたっぱしから殺してしまえと主張することによって、明治以来の伝統的国家主義からの切れめを明らかにしている。この切れめは、天皇が伝統のシンボルよりも、変革のシンボルとみられはじめたところに最もよくあらわれている。
>
> 第二に、ここには外来思想の排撃や直接的テロ行動や志士意識や天皇の赤子観

といった昭和の超国家主義の特色が、すべて出そろっており、まだ出ていないのは、国内改革を対外国策にむすびつける本格的超国家主義の主張だけである。

（傍点は引用者）［久野、鶴見一九五六：一二三］

久野が、時代の「切れめ」と位置づけた安田善次郎刺殺テロ事件。

ひとつの事件が、その時代を凝縮し、代表してしまうことが歴史上には散見されるが、朝日の起こした刺殺事件は、まさに「出来事以上の存在」として、突如、大正期に現れた。

昭和に至るテロ連鎖の幕を切って落とした朝日平吾。

彼は、一体、何者なのか。なぜ、財界リーダーの安田を刺殺し、その場で自死しなければならなかったのか。

橋川文三『昭和維新試論』

私が朝日平吾に関心を抱いたのは、政治学者・橋川文三《はしかわぶんそう》が書いた『昭和維新試論』を読んだときである。当時、二〇歳だった私は、昭和維新運動に携わった人たちをその内面から理解しようとしたこの本の精神に、強くひきつけられた。貪《むさぼ》るように橋川の著作を読み漁《あさ》り、戦前の「右翼」「超国家主義者」への関心を強めていった。

橋川は『昭和維新試論』の冒頭の「序にかえて」という短い文章の中で、朝日平吾を取り上げている。彼はここで、朝日の内面に蓄積した一種独特の「不幸感」に注目し、青年テロリストの実存の問題に迫ろうとした。そして、その分析を通じて、昭和維新という政治運動の実像を浮かび上がらせようと試みている。

橋川は、朝日の不幸感を「継母故《ゆえ》の家庭からの疎《そ》外《がい》、貧困と気質にもとづく学生生活からの疎外、馬賊隊参加と大陸放浪による日常的感受性の荒廃、その結果としてのあらゆる現実的企画の挫《ざ》折《せつ》といった諸要因によって醸成されたもの」とし、彼の「傲《ごう》慢《まん》とさえいえる要素」と「病的というに近い懐疑・怨恨《えんこん》・挫折の感情との複合、葛藤《かっとう》の中から、近代日本人にとって、ある意味では未知というべき感受性が形成されたのではないか」という推測を提示している〔橋川二〇〇七：一四―一五〕。

橋川は言う。

> 朝日の遺書全体を貫いているものをもっとも簡明にいうならば、何故に本来平等に幸福を享有《きょうゆう》すべき人間（もしくは日本人）の間に、歴然たる差別があるのか

というナイーヴな思想である。そして、こうした思想は、あえていうならば、明治期の人間にはほとんど理解しえないような新しい観念だったはずだというのが私の考えである。朝日というのが、いわば大正デモクラシーを陰画的に表現した人間のように思われてならないのはそのためである。（中略）私はもっとも広い意味での「昭和維新」というのは、そうした人間的幸福の探求上にあらわれた思想上の一変種であったというように考える。〔橋川二〇〇七：一六〕

二〇歳の私は、この橋川の分析に、震えた。

朝日平吾という青年の鬱屈《うっくつ》が生み出した不幸感と承認願望が、「平等」をラディカルに追求する思想へと変貌《へんぼう》し、貧困階級の生存と実存を蹂躙《じゅうりん》する特権階級への怨念《おんねん》が暴力へと発展する。そして、それこそが「昭和維新運動」を支えた青年たちの心性《エートス》だったと、橋川は言うのである。

怨念、屈辱、挫折、不幸、生きづらさ……。

このような複合的な鬱屈を抱え込んだ青年たちを取り巻く当時の社会では、貧困と格差の拡大という生存の基盤を脅《おびや》かす事態が拡大していた。第一次世界大戦中の日本は、「成金ブーム」に沸く一方、一九一七年に河上肇《かわかみはじめ》が『貧乏物語』を刊行し、その構造的な貧困問題を告発した。大戦後には「戦後恐慌《きょうこう》」が押し寄せ、経済が一気に冷え込んだ。労働運動のうねりが各地で巻き起こり、普通選挙運動が活発化した。

朝日は、その渦中にいた。

そして、独り、鬱屈していた。

労働運動に加わるものの長くは続かず、一念発起して始めた宗教生活にも挫折。貧困問題を解決するための様々なアイディアを提案しても人々は見向きもせず、日に日に屈辱感を募らせていった。

生存と実存の根拠が奪われた社会。

そんな中で、さまよいもがいていた彼は、最終的にテロを志向し、実行した。そして、時代に一つの「切れめ」を刻みこんだのである。

「希望は、戦争」

その後、私は、朝日平吾のことを長らく忘れていた。心の片隅で気には留めていたものの、橋川の論考を深めようと史料に当たることはなかった。

しかし、ある時、私はこの人物をはっきりと思い起こすことになった。

二〇〇七年一月号の『論座』に掲載された赤木智弘の「『丸山眞男』をひっぱたきたい――三一歳、フリーター。希望は、戦争。」に感情を動かされたのである。

赤木はここで、格差がゆるぎなく固定化されている現代日本社会においては、戦争によって秩序が崩れ、社会が流動化し、「国民全員が苦しみつづける平等」が成立することこそが希望であると述べた。この結論をめぐっては、様々な議論が巻き起こり、賛否両論が提出された。左派の論客たちが彼の論考を批判し、それに対する赤木自身の反論（「けっきょく、『自己責任』ですか」）が同誌六月号に掲載されたりもした。

私には「希望は、戦争」という結論やそれをめぐる水掛け論よりも、気になったことがあった。それは、議論の中で繰り返し使用されるいくつかの鋭利な言葉であり、その中に見え隠れする赤木の実存の問題であった。

赤木は、『論座』に掲載された二つの論考の中で、「屈辱」や「嘲笑《ちょうしょう》」、「尊厳」、「不幸」「自尊心」という言葉を何度も使っている。

いわく、「三一歳の私にとって、自分がフリーターであるという現状は、耐えがたい屈辱」であり、人間としての「尊厳」を享受することなどできない。しかも、社会はそんな「私の不幸」を顧みず、「ささやかな幸せへの願望を嘲笑《あざわら》いつづける」。とにかく「自尊心」を得られる生活がしたい。「社会に出てから一〇年以上、ただ一方的に見下されてきた私のような人間にとって、尊厳の回復は悲願」である。「『お国の為《ため》に』と戦地で戦ったのならば、運悪く死んだとしても、ほかの兵士たちとともに靖国なり、慰霊所なりに奉《たてまつ》られ、英霊として尊敬される。同じ『死』という結果であっても、経済弱者として惨《みじ》めに死ぬよりも、お国の為に戦って死ぬほうが、よほど自尊心を満足させてくれる」。〔赤木二〇〇七：一九三―二二五〕

　私は、直感的に思った。

「朝日平吾の鬱屈と似ている」「あの時代の青年とどこかでつながっている」と。

　朝日の不幸感と承認欲求は、最終的にテロという暴力に直結した。赤木の場合は、その屈辱感が「希望は、戦争」という暴力的な想像力へとつながっている。

「格差社会における潜在的な鬱屈が、具体的な暴力となって現れたら、まずいことになるな。」

　そんなことを考えた。

　二〇〇七年一一月、毎日新聞紙上で赤木と対談する機会をもった。そこで私は率直に、「希望は、戦争」論を読んですぐ「朝日平吾を思い浮かべた」ことを、彼に伝えた。そして、朝日的な感性が渦巻いていることに、世の中は気づかなければならないと論じた〔毎日新聞二〇〇七・一一・二三夕刊〕。

生存の問題が実存の問題とリンクし、広範な鬱屈がたまり続けている。そのマグマのような鬱積した不幸感を暴力的衝動へと転化させてはならないと考えていた矢先、不幸にも、「あの事件」が起こった。

二〇〇八年六月八日の秋葉原連続殺傷事件である。

事件を起こした加藤智大は、両親との不和という問題を抱え、家族から孤立し、生存の基盤を失った人物だった。彼は派遣労働者として各地を転々とする中、関係性の喪失に基づく「生きづらさ」を抱え込み、屈辱感や不幸感、承認願望を肥大化させていた。そして、その鬱屈が白昼の大量殺人という暴力となって表れた。

事件の数日後、私は加藤による事件前の携帯サイトへの書き込みの全文を入手し、それを集中して読み始めた。しかし、その言葉の断片から不意にせり出してくるのは、加藤の肉声よりも、朝日平吾の残像だった。

私は、いよいよ決意した。

朝日平吾を書こう、と。

今こそ、朝日平吾の軌跡をじっくりと辿《たど》り、朝日という人間をまっすぐ捉えなおす必要がある。そう、強く思った。

私は急いで、朝日の友人・奥野《おくの》貫《かん》が編集・執筆した『嗚呼《ああ》朝日平吾』（神田出版社）

のコピーを入手し、熟読した。『嗚呼朝日平吾』は、事件から約三カ月後に緊急出版され、即座に発禁処分を受けた書籍で、事件に至るまでの彼の思想と行動が克明に記されている。朝日から遺書と遺品を託された友人が書いたこともあり、書簡や手記、政治パンフレットといった一次史料がふんだんに使われ、朝日の生々しい思いが凝縮されている。まさに、朝日平吾という人物を知るための、唯一《ゆいいつ》無二の重要文献である。

私は、この本を読み解きつつ、朝日に迫るためのヒントを探った。そして、記述の中から彼の墓の所在を知った。それは、東京にあるという。

「まずは、墓に参りたい」。

そう思った私は、場所の特定を急いだ。

西信寺

朝日の墓のある場所として記されていたのは、「西信寺《さいしんじ》」というお寺だった。

インターネットというのは、便利なものである。私は、早速、このお寺の名前を検索してみた。すると、このお寺が文京区の護国寺の近くに、今も存在することがわかった。朝日の墓も、現存するようである。

私はすぐに東京へ向かい、西信寺を訪ねた。

地下鉄・護国寺駅から徒歩約五分。

地図を片手に歩くと、ビルの谷間に隠れるように西信寺は建っていた。門をくぐると、すぐ右手に墓地が続いているのが見えた。奥には、比較的新しいお堂が建っている。

「この墓地の中から、朝日平吾の墓を探すのは大変だな」。

そう思いながら、墓地への角を曲がろうとすると、驚くほどあっけなく朝日の墓石が目に入った。門を入ってすぐの、最も目立つ場所である。墓石には堂々とした文字で「朝日平吾之墓」と書かれていた。

不意の対面に、私は少し動揺した。

しばらく、墓石と対峙《たいじ》した。そして、手を合わせ、目を閉じた。

朝日のことを思おうとしたが、できなかった。気持ちが落ち着かず、人の気配ばかりが気になった。

私は、目を開け、墓石の側面に回りこんだ。

そこには「大正十年九月二十八日死　行年《こうねん》三十二歳」とあり、朝日の亡《な》くなった日、すなわち「テロ事件」の日付がくっきりと刻まれている。

「恐怖」とは別の震えを感じた。朝日が安田を刺し、その場で自死した瞬間が、リアルに迫ってきた。朝日平吾の感情が、地底から突き上げてきた。

私は思わず墓石から離れて、後ずさりした。

——この人物の軌跡を、本当にこれから辿っていくことができるのだろうか。彼の感情や内面に肉薄することなんて、私にできるのだろうか。

そんな不安が湧《わ》き上がってきた。

もう一度、墓石に向かって手を合わせた。そして、重い気持ちを抱えたまま、西信寺を後にした。

曇り空から、小さな雨粒が落ちてきた。

K氏

私は自宅に帰り、西信寺のご住職に手紙を書いた。

——もしかすると、このお寺に今も朝日平吾の遺品や手記、手紙が残っているかもしれない。

そう考えたからである。

これには一定の根拠があった。

奥野貫が編集・執筆した『嗚呼朝日平吾』には、朝日の手記の一部が、断片的に掲載されている。また、朝日が親族に送った手紙や、彼の未公刊原稿なども収録されている。さらに、朝日が朝鮮半島や中国大陸で活動していた頃の行程が、奥野作成の年譜の中で詳細に示されている。奥野と朝日が出会ったのは、朝日が中国・朝鮮から帰国した後のことであり、彼が同行していたとは考えられない。

——奥野が『嗚呼朝日平吾』をまとめる際に使用した朝日の遺品が、どこかに存在するはずだ。もしそれが現存するとしたら、告別式や墓所を引き受けた西信寺か、あるいは奥野の遺族のもとのいずれかだろう。事件後の親族の対応と『嗚呼朝日平吾』の出版時期を考えると、この二つの可能性を探ることが先決だ。

そう考えた私は、まず、奥野の遺族を探した。しかし、奥野は市井《しせい》の労働者であり、その消息をつかむことは困難を極めた。次に私は、西信寺への手紙で史料の有無を尋ねた。

数日後、電話で連絡を取ってみると、ご住職の佐々木陽穂《ようすい》さんが、電話口に出られた。

朝日平吾の史料のことで手紙を送らせていただいた者だとお伝えすると、佐々木さんは手紙を読んでくださった様子で、とても親切に応《こた》えてくださった。

一通り自己紹介と研究の趣旨をお話しした後、私は恐る恐る尋ねてみた。

「ところで、朝日平吾の遺品などは、そちらのお寺に残されていませんでしょうか？」

すると、佐々木さんから意外な言葉が返ってきた。

「いや、確かに二〇年ほど前まではあったようなのですが、現在は手元にないんです。」

「遺品があった」ということに心が沸き立つのと同時に、それが現在は手元にないということに、戸惑った。

「えっ、それはどういうことなんでしょうか？」

思わず聞き返した私に、佐々木さんは丁寧に事情を話してくださった。

「実は、私の母がお寺の日常の管理をしていた二〇年ほど前に、ある文筆家の方が来られまして、どうしても研究のために数日間だけ貸してほしいとおっしゃったそうなんです。母は、その方がとても誠実そうに見えたので、この人は信頼しても大丈夫だと思って、貸したそうです。そのときは名刺も出されたので、母はすっかり信用したと申しておりました。

しかし、約束の日が来ても返却に現れないことから、不審に思って電話をかけてみたら、女性の方が出られて、不在だと答えられたそうです。以後、何度か電話をかけてみたものの、いつもご当人は不在とのことで、遂《つい》には電話口にも出られなくなったそうです。ある方に、名刺に書かれた住所を調べてもらったら、すでにそこにはお住まいでなく、転居先もわからないとのこと。以降、全く音沙汰《おとさた》がなく、遺品は行方不明になってしまいました。」

私は愕然《がくぜん》とした。

約二〇年前までは、確かに西信寺に存在した遺品が、そっくり行方不明になってしまっているのである。戸惑い以上に、強いショックを受けた。

一度、お寺にお伺いして、詳しい話をお聞きしたい旨《むね》をお伝えした。すると、佐々木さんは優しい声で、「ぜひ、いらしてください。その日には、母も寺に参るようにいたしますので」とお答えくださった。

数週間後、私は当時居住していた札幌から再び東京へ向かい、西信寺を訪ねた。

佐々木さんと、その母・佐々木眞知子さんは、丁重に出迎えてくださった。

佐々木眞知子さんは、朝日平吾の遺骨を引き受けた住職・中村廣道《なかむらこうどう》から西信寺を引き継いだ栗本俊道の娘である。彼女は結婚後、いったんお寺から離れたものの、一九八三年に住職が替わり、遠方に住む僧侶《そうりょ》が後任として就いたことから、坊守《ぼうもり》としてお寺に戻った。一九七六年から八三年三月まで住職を務めたO氏が、いくつかのトラブルを抱えたことから、もとの住職の遺族がお寺を管理することになったようである。彼女には『鷗《かもめ》と猫のくれた日々　大塚上町西信寺』（青娥《せいが》書房）という著書があり、かなりの名文家だ。

眞知子さんは、朝日平吾の遺品のことを鮮明に覚えていた。

「遺品は、衣装箱に入れられており、中には手帳や雑記帳のようなものが数冊入っていました。他にも書籍類や衣装が入っており、箱は蓋《ふた》がやっと閉まるぐらい、びっしり物が入っていました。」

おそらくだが、その「手帳」や「雑記帳」は、朝日の日誌である可能性が高い。朝日平吾の内在的批評を試みたい私にとって、どうしても読んでみたい史料だ。

「その史料を持ち出された方のお名前は、覚えていらっしゃいますか？」

そう私が尋ねると、眞知子さんの口からはっきりと、一人の人物のフルネームがでてきた。

——K氏。

どこか聞き覚えのある名前だったが、そのとき私はすぐに思い起こすことはできなかった。

眞知子さんは言った。

「お寺では、毎日、訪問者の方についての日誌をつけていますので、お越しになられた日時がはっきりわかります。Kさんは一九八六年六月一九日においでになり、今はもう取り壊してしまった古いお堂にある部屋で熱心に史料をご覧になり、どうしても数日間だけ貸してほしいとおっしゃられました。顔ははっきり覚えておりますが、おそらくその当時で四〇歳ぐらいではなかったかと思います。澄んだ目をされていて、この人は間違いないと思える方でしたので、お貸しすることにしました。」

眞知子さんは、続けた。

「しかし、約束の日を過ぎても一向にお見えにならないので、名刺に書かれた電話番号に掛けてみました。すると、何度かは女性の方が電話口に出られたのですが、ご本人に取り次いでいただくことはできず、その後、再び掛けてみたときには、もう引っ越された後でした。それから以降は、完全に音信不通になってしまっています。朝日さんの遺品は、当時の住職・中村廣道さんが、頭山満《とうやまみつる》さんや内田良平さんをはじめとする関係者の総意でお預かりしたもので、それを散逸させてしまったかもしれないという自責の念が、思い出すたびに湧いてきます。せっかくお訪ねくださったのに、見ていただくことができず、申し訳ない思いでいっぱいです。」

眞知子さんは、うつむき加減で、苦悩の表情を浮かべられた。

私は、K氏のことが気にかかった。

――当時四〇歳ぐらいとすると、現在六十代前半。存命の可能性は高い。これは調べれば連絡がつくのではないか。

そう考えて、私はK氏のフルネームをノートに記してお寺を後にした。

遺品の行方

やはり、インターネットというのは便利なものである。

自宅に戻った私は、すぐにK氏の名前を検索してみた。すると、一〇〇件ほどのヒットがあり、彼の文章が掲載された媒体が引っかかった。その中には、私の手元にある書物もあった。

――そうだ、あのK氏だ！

ようやくK氏のことを思い出した私は、彼が追悼文を書いた一冊の本を書棚から取り出し、ページをめくった。

自ら命を絶った旧友に捧《ささ》げるその文章は、美しかった。その煩悶《はんもん》に満ちた文学精神は、私の琴線にふれた。

――このK氏が、朝日の遺品を持ったままになっているということは、何らかの事情があったに違いない。K氏から、まずは話を聞いてみたい。

そう思った私は、心当たりのある出版関係者に問い合わせた。事情を呑《の》み込んでくれたその人は、数日後、K氏の現在の連絡先を調べて、教えてくれた。

私は、再び西信寺に向かった。

そして、対応してくださったご住職に、K氏がどういう文章を書いている人物か、そしてK氏が今も健在で、連絡先もわかったことなどをお話しした。その上で、私は一度、眞知子さんの方から、お手紙を書いていただけないかというお願いをした。もし、西信寺とK氏の間で、何らかの行き違いや思い違いなどがあるとすれば、まずはその点をすっきりと解決しておきたいと考えたからである。

数日後、眞知子さんは、上品な名文でK氏宛《あ》ての手紙を書いてくださった。そして、連絡先の住所に、投函《とうかん》してくださった。

二週間ほどが過ぎた。

しかし、K氏からの連絡はなかった。

さらに数日待ってみたが、やはり連絡は来ない。

――これは、こちらから再度、連絡を入れてみるしかない。

そう思った私は、本書（単行本版）の担当編集者である筑摩書房の石島さんから直接、電話をしてもらった。

すると、電話口にK氏は出た。

石島さんが身分を名乗り、用件を話すと、K氏は不快感を表し、一方的に電話を切った。再び、石島さんが掛けたものの、同様に途中で電話が切れた。

そんなことが何度か続くうちに、K氏はいくつかのことを断片的に話した。

――（一九七六年から八三年まで住職を務めた）O氏との間で、朝日の墓の扱いについて諍《いさか》いがあり、有志でお金を集めて永代供養《くよう》することになったこと。朝日平吾の遺品は、その際に自分たちが譲り受けたものであること。史料は自分が今でも個人的に保管しており、他人に公開する気はないこと。

石島さんは、丁寧なメモを取って、私と西信寺に伝えてくれた。

当然、眞知子さんは、この返事に納得されなかった。

K氏が西信寺を訪れ、朝日の遺品を持ち出したのは一九八六年六月一九日であり、そのときには既にO氏は西信寺を退いて、坊守を佐々木眞知子さんが務めていた。もしO氏が譲り渡したものがあるとすれば、衣装箱に入っていた遺品とは別のもののはずである。

「O氏との間にどのようなやり取りがあったのかは、今となってはまったくわかりません。しかし、自分がお貸しした衣装箱の遺品だけでいいので、返却してほしいと思います。約束を守ってほしい。」

眞知子さんはそう言って、私をまっすぐ見つめた。

――これは、K氏が信頼を置く人物から、話をしてもらわなければならない。

そう考えた私は、K氏と親しい関係にある出版社の方にコンタクトを取り、相談した。すると、彼がK氏と直接会って、話をしてくれることになった。

しばらくして、結果が届いた。

K氏は、やはり朝日の遺品を見せるつもりはないという。そして、朝日については自分で書きたいので、特にライバルには見せたくないと語ったという。

K氏と直接面会して、話を聞きたい旨を伝えた。

しかし、これに対するK氏からの応答はなかった。

もはや、K氏からの協力は断念せざるを得なかった。

朝日の人生を追う作業も、わずかな史料を頼りに進めていかざるを得なくなった。

——朝日の死に至るまでの軌跡を丁寧に辿り、史料を地道に集めてゆくしかない。

そう決心した私は、まずはじめに、朝日が生まれ育った佐賀県の嬉野《うれしの》に向かうことにした。

嬉野、佐世保、長崎、そして東京。

朝日の心を遡行《そこう》する旅が、始まった。

第一章　若き日

嬉野

四方をなだらかな山に囲まれた温泉街・佐賀県嬉野《うれしの》。

その湯は「日本三大美肌の湯」の一つにも挙げられ、現在に至るまで全国各地から温泉客を集めている。周囲の山肌には丸みを帯びた茶畑が広がり、和らいだ景色が広がっている。嬉野茶は、もともと「釜炒《かまい》り茶」として知られていたが、現在では「蒸し製」へと転換が図られ、玉緑茶《たまりょくちゃ》がその主流となっているようだ。

温泉とお茶の町、嬉野。

穏やかな時間が流れるこの町で朝日平吾が生まれたのは、一八九〇年七月二六日のことであった。

朝日が生まれた村は、温泉街から四キロほど離れた不動山《ふどうやま》という地区で、小さな川沿いに集落が点在する農村である。ここは嬉野茶発祥の地とされ、皿屋谷という地区には「大《おお》チャノキ」という天然記念物に指定された樹齢三四〇年と推定される茶の大木が現存する。山の斜面には段々畑が広がり、今でも茶の栽培が続けられている。

朝日の父・亀吉は、この村で蠟屋《ろうや》と油屋を営んでいた。朝日には兄が一人（儀六）、弟が二人（虎次、平次）おり、彼は四人兄弟の次男だった。

呉服雑貨商を営んでいた叔父の林太郎は、この村でも有数の資産家だったようで、村の丹生《たんじょう》神社に建つ「寄付芳名碑」には、彼が一九二八年五月に三〇〇円を寄付したことが刻まれている。境内には「拝殿改築記念」として「朝日六太郎氏顕徳碑」が建てられているが、この六太郎は一九三〇年代に嬉野町長を務めた有力者で、神社の整備にも多額の寄付を投じている。明治から昭和初期にかけてのこの地区で、朝日家は有力な一族だったことがうかがえる。

幼き日

朝日平吾がこの村で生まれ育った記録が、今でも残っている。

『嬉野吉田郷土誌別冊・不動郷土誌』。

一九三三年に、地元の不動史跡調査会が編纂《へんさん》した手書きの冊子の中に、次のような記録がある。

明治三十一年一〇月七日
尋常四年朝日義《ママ》六五十銭　同平吾十二銭ノ貯金ヲナス　当校児童貯金ノ初メ

「当校」とあるのは、朝日が通った「不動尋常小学校」のことだ。

この学校は「不動小学校」として戦後も存続したが、統廃合によって一九九〇年に閉校となった。村の中心に位置する跡地には「創立百周年」の記念碑と、「嬉野町立不動小学校跡」の碑が静かに建っている。誰もいない校庭跡に立つと、脇《わき》を流れる川のせせらぎの音が耳に届く。

平吾は、この小川で魚釣りをよくした。兄にばかり魚がかかり、自分にかからない時などは癇癪《かんしゃく》を起こし、餌《えさ》を投げ出し、竿《さお》を折ったりして、兄を困らせた［奥野一九二二：一八四―一八五］。

父・亀吉によると、彼は「怜悧《れいり》な子供」でありながら、「子供の時から親や兄の云ふ事を聞かず、平素大きな事を口にして居」たという［東京日日新聞一九二一・九・三〇、福岡日日新聞一九二一・九・三〇］。

叔父の林太郎は、新聞記者に次のように語っている。

平吾は子供の時から随分気が利《き》いて居りましたが其《その》才を善い方に用いずしてツイ斯《こ》んな事を仕出かしました。［福岡日日新聞一九二一・一〇・一］

また、兄・儀六は、次のように述べている。

小学校の頃には成績が善《よ》くて、いつも一等賞やら優等賞やらばかり貰《もら》つて来たものです。腕白の癖に可成《かな》り先生達からも可愛《かわい》がられて居たし、其《そ》れに例の負けず嫌ひの気性から、学問の方も案外精出してやつて居たやうです。たゞ負けず嫌ひの一本調子で、これには随分私達を手《て》古《こ》摺《ず》らしたものです。［奥野一九二二：一八三］

儀六によれば、平吾は尋常小学校三、四年生の頃、教師が話した西郷南洲《なんしゅう》（隆盛）の逸話に心を動かされ、自分の教科書に「朝日西洲《せいしゅう》」と書いたという。教師が、その落書きを咎《とが》めると、平吾は次のように言った。

教科書中には南洲と書いてある。それだのに何故私が西洲と書いたのが悪いのですか。先生？　南洲も私も同じ人間です。若《も》し同じ人間でありながら、私だけが西洲と書いて悪いと云ふならば本が悪いのです。此《こ》の本が間違つて居るのです。

〔奥野一九二二：一八六〕

彼はそう言うと、泣き声をあげながら、教科書を引き裂いてしまったという。

これらの親族の話を総合すると、少年時代の朝日平吾は、頭がよく、優秀であったものの、気性が激しく、自尊心の強い子供だったということができるだろう。

実母の死、父の再婚

そんな平吾に、大きな転機がやってきた。

実母の死である。

当時、平吾は一二歳。最愛の母を亡《な》くし、深く落ち込んだ。

さらにこの時、父の商売が傾き、一家は嬉野を去って、佐世保の町に出ることとなった。母亡き朝日家は、父と子供四人で佐世保に移り住み、そこで「朝日茶舗」という店を出すことになった。

佐世保の街は当時、発展の一途を辿《たど》っていた。一八八六年に軍港設置が決定し、「軍港都市」としての街づくりが本格化した。山は一気に切り崩され、水田・湿地をかさ上げする工事が突貫で進められた。この工事では、多くの作業員が犠牲になったという。

朝日が生まれた一八九〇年には、佐世保鎮守府の開庁式が天皇陛下を迎えて行われ、町は人で溢《あふ》れかえった。市街地造りも本格化し、一八九八年には鉄道が佐世保駅まで開通した。一八八六年に約四千人だった人口は、朝日一家が転居してきた一九〇二年には四万五千人を超え、この年、「佐世保市」が誕生した。人口は、その後も増加の一途を辿り、一九一五年には一〇万人を突破する。父・亀吉は、急成長著しい佐世保の町に新たなビジネスチャンスを見出《みいだ》し、嬉野茶を販売する店舗を出店した。

亀吉が「朝日茶舗」を構えたのは、「栄町《さかえまち》」。現在の三《さん》ヶ町《ちょう》商店街のアーケード沿いにある。

この商店街は、佐世保駅近くからスタートする四《よん》ヶ町《ちょう》商店街から続くアーケード通りで、両商店街の全長は約一キロにも及ぶ。

アーケード街の中央を過ぎると、佐世保の顔である「佐世保玉屋」がある。その前身は「田中丸商店」。一八九四年の日清戦争を機に、佐賀県牛津から佐世保に進出した大商店である。一〇〇坪の敷地に二〇名の店員を雇う開店当初の「田中丸商店」は、佐世保の人々を驚かせたという。

この店から駅と反対方向の道路を隔てて二軒目。

そこに、亀吉は「朝日茶舗」を出店した。

取材当時、この場所では洋品店と食肉店が営業していた。アーケードに覆《おお》われた商店街には、当時の面影はほとんど残っておらず、「朝日茶舗」が存在した形跡もきれいに消え去ってしまっている。近年はこの商店街にも空き店舗が目立ち、行きかう人も、以前よりはずっと少なくなっている。

平吾は、この店舗兼自宅から、地元の佐世保高等尋常小学校に通った。

この頃から、彼の素行の悪さが目立つようになった。兄・儀六の回想によれば、二〇代半ばの青年会の面々に対して、頻繁に喧嘩《けんか》を挑み、大騒ぎを繰り返していたという〔奥野一九二二：一八三〕。

父・亀吉は、佐世保に転居して二年が過ぎた一九〇四年に、再婚した。しかし、この再婚相手（ウタ）と、兄・儀六、そして平吾の折り合いは悪く、一家は険悪なムードに包まれた。実家に居心地の悪さを感じた平吾は、高等小学校卒業後、佐世保を離れ、長崎で一人暮らしをはじめることになる。

朝日一家と関係があった佐藤文平（一九二一年当時、門司陸署高等刑事）は、『九州日報』の取材に対して、次のように述べている。

朝日は、継母に対する不平と家庭が継母の為めに攪乱《かくらん》されて居るのを知つて、小学卒業後間も無く無断家出し、長崎市に行つて牛乳配達や新聞配達をし（た）。

［九州日報一九二一・一〇・一］

この継母との険悪な関係、そしてそれに伴って生じた父との溝《みぞ》が、のちの彼の鬱屈《うっくつ》を肥大化させる大きな要因となる。

長崎から東京へ

平吾は、長崎で鎮西学院《ちんぜいがくいん》に入学した。

当時の鎮西学院は、オランダ坂の脇にあった。

切通しの石畳が続くこの坂は、現在、異国情緒を味わうことができる長崎有数の観光地として有名である。坂をのぼると左手の高い崖《がけ》の上に活水学院《かっすいがくいん》が見える。近くには、東山手甲十三番館をはじめとする明治期の洋風建築が立ち並んでいる。旧居留地私学歴史資料館として利用されている東山手十二番館をこえて左手に曲がると、「鎮西学院碑」が建っている。一八八一年にメソジスト派の宣教師C・S・ロングがここに「加伯利《カブリー》英和学校《セミナリー》」を開校し、一八八九年に「鎮西学館」と改名。さらに一九〇六年、「鎮西学院」と呼称されるようになった。

この一帯は、明治末には「学園の丘」と呼ばれ、ミッション系の学校が集まっていた。現在でも、活水学院や海星学園が存在し、豊かな緑の中、ヨーロッパ的風景が広がる。

実家を離れた朝日平吾は、この界隈《かいわい》で学生生活を送ることとなった。

長崎での生活でも、素行不良が目立った。

長崎で刊行されていた地元新聞『東洋日の出新聞』は、事件後、朝日の長崎時代の様子を次のように記している。

平吾は佐世保の高等小学校卒業後当地の鎮西学院に入学し、在学中より不良学生の群に入り、刃物三昧《ざんまい》に及ぶ傍ら、女学生や娘等の尻《しり》を追廻はし、果は花柳《かりゅう》の巷《ちまた》にも出入し、放蕩《ほうとう》費に窮しては書面や又は自身佐世保に帰へり、其《その》都度実父を絞りて若干《いくらか》の金子を巻上げるなど、散々実父を手古摺らせた［東洋日の出新聞一九二一・九・三〇］

　彼は暴力行為をくり返し、遊郭に出入りし、放蕩にふけった。そして佐世保に住む親に金を無心して、父を困らせた。

　他にも、『九州日報』には、朝日が「十六歳頃より早くも女の味を知り親の金を盗んでは遊興し」ていたことが書かれ、『やまと新聞』では「十六歳頃から素行修まらず酒食に耽《ふけ》り大言壮語し親親戚《しんせき》も持て余して居た」と記されている［九州日報一九二一・九・三〇、やまと新聞一九二一・九・三〇］。

　残されたどの記録も悪評に溢れている。彼の気性の荒さと放蕩的な性格が、実母の死と継母との不和を契機として、表面化したということなのだろうか。事件直後の取材ということで多少のバイアスがかかっているのが想起されるとはいえ、長崎時代の朝日の素行の悪さは、複数の新聞記事で一致しており、おおむね事実であろう。

　ともあれ、彼は一九〇八年に鎮西学院を卒業した。そして、意を決して、帝都東京へと出ることとなった。

残念ながら、この年から約二年間の東京生活については、詳細をつかむことができない。

新聞記事をはじめとするいくつかの文献を総合すると、一九〇八年の春に、早稲田大学の商科に入学し、その後、間もなく中退したことになっている。ただし、この入退学の事実を裏付ける一次史料は、現在のところ見つかっていない。

入隊、そして戦場へ

その後、朝日は一九一〇年一二月、佐賀にある第一八師団五五連隊第六中隊に入隊した。佐賀連隊区の兵籍記録によると、彼は翌年の三月三〇日、佐賀衛戍《えいじゅ》病院の看護学科を卒業。そのまま衛戍病院に勤務している。

この年の一二月、彼は久留米の衛戍病院に転隊となったが、翌年、帰休除隊。一九一三年には予備役になったものの、翌一四年に第一次世界大戦が勃発《ぼっぱつ》すると、八月の戦時充員召集に応じ、第一八師団衛生隊本部に編入された。そして、この月、大陸に向けて出征することになる。

周知のとおり、第一次大戦に参戦した日本は、ドイツが租借していた青島《チンタオ》要塞《ようさい》を攻撃し、勝利を収めた。これによって山東《さんとう》半島のドイツの勢力は覆滅し、日本の権益が拡大した。

一九一四年九月二日。

第一八師団の最先頭部隊・山田支隊が山東半島北岸の龍口《りゅうこう》に上陸した。衛生隊本部に所属した朝日は、このあとを追って上陸。中国大陸の地に足を踏み入れた。

先頭部隊は悪天候と悪路に阻《はば》まれながらも進軍し、一一日に平度《へいど》に到着。本隊もこれに続き、一四日には平度に結集した。

朝日が所属した衛生隊は、後方で患者療養所を次々に開設し、負傷・発病した兵士の治療にあたった。このときの天候は酷《ひど》く、河川の氾濫《はんらん》による交通の寸断や家屋の浸水・倒壊が相次いだ。その影響からか、上陸から二週間の間に三〇〇名を超える入院患者が発生。飲料水の不良や宿営地の不潔、河川を渡った後の湿潤などによって衛生状態の悪化が進み、腸炎や感冒性疾患が多発した。九月の後半には天候が回復し、療養所への収容患者は減少した［参謀本部一九一六］。

戦闘部隊の主力は、九月二二日から二四日の間に、龍口から約二〇〇キロ離れた即《そく》墨《ぼく》付近に集結した。衛生隊の主部も二四日に即墨に到着し、二六日には石門山付近で戦闘が開始。朝日は、この戦闘での負傷者への衛生業務に従事し、続く孤山・浮山での戦闘の際も、同様にこの業務に携わった。二七、二八日の両戦闘では、第一八師団に四八人の死者が出た。負傷者も一四六名発生し、衛生隊の業務は過酷を極めた。しかし、これらの戦闘で日本は勝利をおさめ、順調に敵陣を占領していった。

一方、龍口に上陸した一部隊は、山東半島を西に向かって進軍し、山東鉄道（膠済《こうさい》鉄道）の奪取を目指した。これに対して、中国側は交戦地域外での戦闘は中立違反であるとして抗議を行ったが、日本の西進は加速し、一〇月六日には済南に進入。山東鉄道を手中に収めることで、ドイツ軍を青島要塞に孤立させた。

その後、日本軍は青島要塞の総攻撃準備に取り掛かり、一〇月二九日からは攻囲線を敵前一・五キロから二キロのところまで進めた。そして、一〇月三一日に攻撃は開始され、一一月七日に青島要塞は陥落。ドイツ軍は降伏した。

朝日はのちに、この一〇月から一一月にかけてのエピソードを、次のように語ったという。

　夫《そ》れは或る夜、私と他の一人の戦友と歩哨《ほしょう》に立つて居りましたが、アマリ敵弾が飛んで来ますので、他の一人の戦友を後方に避けしめやうとして無理に勧めて交代せしめましたところ、意外にも其の戦友は其の途中に於《おい》て敵弾の為めに斃《たお》れ、踏み留《とどま》つた私は却《かえ》つて無事で御座いました。取《とり》も直さず、私が戦友を殺した様なもので御座いますから、其の後私は戦死してお詫《わび》を致したいと努めたのですけれど、其の中《うち》戦争も終り斯《か》く生きて居りますので、今尚《いまなお》心に相済まないと云ふ考が放《はな》れたことが有りませんです。［奥野一九二二：二四〇―二四一］

この話が、実話なのか否《いな》かを判断する史料は見つからない。しかし、このエピソードを朝日が奥野に語ったことは事実だろう。

重要なのは、この語りが安田善次郎刺殺テロ事件の約四カ月前になされており、それが富豪・渋沢栄一に対してなされたという点である。彼は、渋沢に資金援助を求めた際に、青島での体験を切々と語ったのである。

朝日は言う。

私の命は全く青島で亡くなつて居るんですから。さう思ふと如何《いか》なる事業に対しても、一身を抛《なげう》つ如《ごと》きは何でも無いことで御座います。［奥野一九二二：二四一］

ここで「事業」と言っているのは、後述する「労働ホテル」建設のことである。彼は自分が青島攻撃の際に一度死んだ身であるため、命をなげうってでもこの事業の成功に邁進《まいしん》したいと、渋沢に訴えている。

渋沢は朝日の語りの迫力に押され、設立資金を手渡した。しかし、「労働ホテル」の創立計画は間もなく資金的に行き詰まり、彼はテロ実行の決意を固めることとなる。

戦場での体験を想起したことと、刺殺テロ事件を起こして自死したことの間に因果関係があったかどうかは、この断片的なエピソードだけではわからない。ただ、青島での戦争体験が、彼の死生観に一定程度の影響を与えたと見ることは可能だろう。

――思春期の実母の死と青年期に見た戦友の死。

朝日のテロの背景には、この二つの死が見え隠れする。

凱旋帰国

ともあれ、一九一四年一二月に入って、朝日は門司に凱旋《がいせん》帰国した。そして翌年四月、戦功により「勲八等白色桐葉章《くんはっとうはくしょくとうようしょう》 従軍徽章《じゅうぐんきしょう》」と一時賜金《しきん》を授与された。彼の人生の中で、もっとも名誉ある瞬間だったといっても過言ではないだろう。

一九一五年の夏ごろ、彼は再び上京し、東京生活を再開する。この年の一月から翌年五月までの約一年半の行動の詳細は、これも現在のところよくわからない。

奥野貫が作成した年譜では、この年に早稲田大学と日本大学に入学したと記されているが［奥野一九二二：二八三］、おそらくこれは正確ではない。事件当時の親族への新聞取材では、鎮西学院卒業後すぐの上京時に、早稲田大学に入学・中退したことが述べられている。そのため、早稲田大学については、一九〇八年から〇九年にかけての入退学と見るほうが妥当だろう。

日本大学の法科への入退学は、この一九一五年当時の可能性が高い。事件の際、『東京朝日新聞』の記者が、日大時代の知人で三木武吉《ぶきち》代議士邸の書生・金子蔵太を取材しているが、その時の金子の年齢は二七歳（数え年）となっている［東京朝日新聞一九二一・九・二九］。二人が日大で知り合ったことが事実であるならば、朝日の日大入学は一九一五年春と考えるのが妥当であろう。ただし、これも裏づけとなる一次史料は見つかっていない。

行動の詳細が不明の一年半であるが、ただ一点、朝日について言えることがある。それはこの時期に、彼が満州行きを決意し、準備を進めていたという事実である。

彼は当時、黒龍会（一九〇一年に設立された右翼団体）のリーダー・内田良平と面会している。このとき、おそらく内田に対して満州行きを計画している旨《むね》を伝えたのであろう。内田は彼に対して、朝鮮銀行奉天支店長の小西春雄をはじめとする当時の満州で活躍する知人たちを紹介している［内田一九二二：一］。

朝日はここで内田の人脈を頼りにしたわけではなかった。

彼が選んだのは、自ら馬賊隊に入隊し、満蒙《まんもう》独立工作の戦闘に加わるという危険な道であった。

第二章　大陸浪人

天鬼・薄益三

一九一六年の初頭から春にかけてのある日。朝日は、一人の男のもとを訪ねた。

――薄益三《うすきますぞう》。

通称「天鬼」と呼ばれたこの男は、いわゆる馬賊《ばぞく》の頭目だった。

薄は、新潟県津川町（現在の阿賀町）生まれ。実家は土地の豪商で、当初は本家の商売を継ぐべく商人修業に励んだ。しかし次第に一家から離れ、東京に出て生糸《きいと》売買の商売を起こした。これが成功し、軍との関係ができると、日露戦争後、平壌《へいじょう》で軍部を商売相手とした「薄商会」を立ち上げ、さらにここで知遇を得た辺見勇彦《ゆうひこ》から満州・長春での娯楽産業を引き継ぐ〔畠山二〇〇三：一九九、渡辺一九八七〕。

長春における娯楽産業を牛耳る「長春華実公司」を任された薄は、次第に現地の武装集団との関係を密にし、彼らとの交流を通じて、満州での利権拡張を図る。やがて、自ら私設軍を発足し、「天鬼将軍」と名乗るようになった。

当時の満州の日本人の間で、このような私設軍は「馬賊」と呼ばれ、主に自警団的な活動を行っていた。日本陸軍の思惑と一致した場合には協力関係を結び、様々な裏工作の実働部隊として活躍することもあったが、一方で、その活動が問題視されると、一転して弾圧の対象とされた。

一九一二年の初め。

薄の率いた馬賊隊が、政治的に重要な意味を持つこととなる出来事が起こった。

第一次満蒙《まんもう》独立運動である。

この運動は、辛亥《しんがい》革命の直後に川島浪速《なにわ》を中心として展開され、清朝《しんちょう》の皇族・粛親《しゅくしん》王《のう》善耆《ぜんき》を擁立し、満州の独立を図った。ちなみに、「東洋のマタハリ」と呼ばれた川島芳子は、粛親王の第十四王女で、のちに川島浪速の養女となった人物である。

川島浪速は、満州の東部に清朝を復活させて中華民国と切り離し、日本の権益が強く及ぶ領域を確立しようとした。「支那分割論」による満蒙王国の樹立構想は薄の心を捉《とら》え、この策謀に関与することとなる。

川島は、満蒙独立を実現させるために、モンゴルのカラチン王に対し挙兵のための資金援助を行い、武器輸送を画策した。輸送業務の護衛活動を任されたのが、薄の馬賊隊であった。

この謀略には、参謀本部の高山公通《きみみち》大佐らが参画したが、イギリス・ロシアなど列強との関係を考慮して、中止が決定された。薄はこの決定に応じず、武器輸送を実行したものの、その行程で様々な妨害にあい、挫折《ざせつ》した。

第一次世界大戦が始まると、再び薄は満蒙独立を画策し、軍部からの秘密裏の支援を得て挙兵したものの、外務省がこれに介入し、一団は騒擾《そうじょう》罪で逮捕された。薄は福岡の監獄に収監され、一九一六年一月一九日、特赦によって釈放。東京・青山に居を構えた。

この頃、薄の活動は新聞記事などを通じて広く国民に知られるようになり、彼に対して多くの好奇のまなざしが向けられた。さらに、血気盛んな若者たちから、薄の率いる馬賊に加わりたいとの懇願が相次いだ。

薄は言う。

> 玄関は降る如《ごと》き有様で東西より齎《もた》らす書簡の多くは皆馬賊志望の熱烈なる意味を罩《こ》めた文字を以《も》つて綴《つづ》られて居るのであつた。或《あるい》は奉書三枚に連署し或は血判《けっぱん》を以つて入幕を切望するもの無慮数百通に上つた。［薄一九二二：一二六―一二七］

指を切り、自らの血を用いる血判で志を示した者も多くいたというのだ。

この熱烈な「馬賊志望」の若者の一人が、朝日平吾だった。

薄のもとを訪れた朝日は、馬賊への参加許可を熱心に求めた。これに対して薄は、「朝日の熱誠には感ずる処《ところ》があって其《そ》の希望を容《い》れ」ることに決した［薄一九二二：一二七］。

当時、川島浪速を中心とするグループでは、満蒙独立を画策する動きが再び活発化していた。参謀本部および軍令部では反袁世凱《えんせいがい》の機運が高まり、やがてその方針は、政府の中で共有されることとなった。

川島は、内外モンゴルの統一と独立を図るバボージャブ（パプチャップ／巴布扎布）のモンゴル騎軍に目をつけ、第二次満蒙独立の政治工作に組み込むことを画策した。また粛親王善耆の宗社党《そうしゃとう》と手を結び、親王の第七子憲奎王を擁して満蒙独立を目指した。

薄はそれに呼応し、再び馬賊を率いて、満蒙独立運動に参加することを決意する。彼は約三〇名の一団を率いて、満州に向けて出発した。朝日平吾は、この政治工作に加わることを決め、馬賊隊の一員として満州の地に向かった。

馬賊への参加、そして離脱

満蒙独立を夢見て意気揚々と満州に渡った一団であったが、しかし、事態は急変する。

一九一六年六月六日。

中華民国大総統、袁世凱が急死したのである。

反袁工作の延長上に満蒙独立運動を位置づけていた日本政府は、やむなくその政策を転換し、急遽《きゅうきょ》、挙事計画の中止を命じた。しかし、バボージャブは七月に入って強引に出撃し、中国軍との戦闘が始まった。

薄を頭目とする馬賊隊は戦闘に参加することを決めたが、バボージャブ軍は間もなく劣勢に陥り、退却を余儀なくされた。その途上、中国軍が待ち構えていたため、帰途の擁護が必要となり、馬賊隊はこの役を買って出た。

九月二日。

長春と奉天の間の小都、郭家店に集結した一団は、モンゴルに向けて出発したが、途中、敵軍との間で砲火を交えることとなり、危険な状況が続いた。薄は朝日に対して、第一次大戦の経験を生かすべく傷病兵収容・救護の任務を与えたが、朝日はこれに満足せず、「敵と相ひ接戦する毎《ごと》に自から銃を把《と》つて陣頭に立ち、勇敢に撃攘《げきじょう》（敵をうちはらうこと――引用者）の行動を持続し」たという［薄一九二二：一二八］。

　九月八日。

　一行は、吉林省長嶺県の八賓湖に到着。

　ここで数日間滞在し、陣容を整えることとなった。敵軍が迫る中、出発前夜の一二日、薄はメンバーを集め、意志の確認を行った。多くのメンバーが薄に随行することにしたのに対し、三名が離脱することを表明したが、その中に朝日がいた。

　薄は、朝日の離脱表明に「尠《すくな》からず意外の感に打たれ」、彼を自室に連れて行き、「入幕当時の決意に叛《そむ》くことを鞫問《きくもん》し且《か》つ此《こ》の場に臨んで逡巡《しりごみ》する不覚を叱責《しっせき》し」た。しかし、朝日ははっきりとした理由を口にせず、ただ「他に考ふる処あるに依《よ》り希《ねが》くば帰還せしめられんことを」と懇願した［薄一九二二：一三〇］。

　一方、朝日自身は、薄の統率力に疑問を持っていた。また、同行したメンバーも自己の野心を満たすために参加している者が大半で、国家の志士とは到底思えなかったという。彼はのちに、奥野に対して「天鬼は、何等《なんら》隊の団結力を強固にしやうと云ふ成算もなく、たゞ面白半分にやつて居るに過ぎなかつた」と語っている。そして自らは、この馬賊隊が「必ずや近き将来に於て」「四離滅裂《しりめつれつ》になる」と認識していたという［奥野一九二二：一二〇―一二二］。朝日は幻滅していたのである。

さらに朝日は、モンゴル軍に対して義を立て通して死を選ぶことは、日本のために命を捨てることを誓った自分としては、「大義を忘れて小義に就く」ことになるのではないかという疑問を抱いた［奥野一九二二：一二二］。

朝日は、薄の説得にもかかわらず、最終的に日本に戻ることを決意。その旨《むね》を、薄に伝えた。そして、一行が出発する一三日、隊を離れて日本への帰国の途についた。

彼はのちに、この時のことを振り返りながら、次のように語っている。

> 勝てば官軍負ければ賊となることは、僕も始から承知の上の大賭博《とばく》サ。併《しか》し世間の奴等の余りに思ひ遣《や》りの無い態度には、僕も何《ど》うかすると暴気《やけ》に成《な》ることが有つて、遂《つい》に朝も晩も酒に不平を押へながら、其れでも何《ど》うかして一つ大きな仕事をやつて見たいものだと、斯《こ》うして親も捨て家も捨てゝ、東に西に放浪して居るのだ。あゝ思へば凡《すべ》ては夢さ、満蒙の野に長い夢を見て居たのだ。［奥野一九二二：一二五］

朝日にとっては、苦い経験となった。馬賊隊に属する野心的な浪人たちと友情を結ぶことができず、自らの意見を明確に述べることなく薄のもとから去った一連の体験は、彼の疎《そ》外感《がいかん》と鬱屈《うっくつ》を強めた。しかも、このような自分を世間は理解しようともせず、他者からの評価や承認も得られず、さらなる苛立《いらだ》ちを抱え込むこととなった。彼は、自暴自棄になり、酒を飲みながら不平を押しころす日々を過ごす。

一〇月に入って実家の佐世保に帰りついたものの、義母をはじめとする家族に温かく迎えられることはなかった。

自尊心は高いが、定職にはつけず、一念発起して加わった馬賊隊では挫折を味わい、家族からも冷遇される朝日平吾。

日に日に屈辱感を募らせる彼は、この時、二六歳になっていた。

朝鮮から大連へ

実家にしばらく滞在した朝日は、再び日本を去ることとなる。

一九一六年一二月。

彼が向かった先は、朝鮮の京城《けいじょう》（ソウル）だった。

ここからの半年間、彼は朝鮮半島の各都市を転々とする。その行程の断片は、奥野が作成した年譜に記されているが［奥野一九二二：二八四―二八五］、それがどのような史料に依拠したものであるかは判然としない。奥野が朝日と出会うのは、後年のことであることから、奥野がこの行程に同行したとは考えがたい。おそらくは、朝日が残した遺品の中に、行程を記した手帳もしくは手記が含まれていたと推察されるが、「はじめに」で述べたとおり、遺品を保管していると見られるK氏からの協力が得られないため、詳細を示すことができない。

奥野作成の年譜によれば、朝日は翌年（一九一七年）一月に澤山回送店の事務員として採用されたものの、翌月には宏文社の勧誘員に転職。これも長続きせず、三月には南部の都市・大邱《たいきゅう》に移動した。しかし、ここにも長くは滞在せず、約一カ月後には群山へ移り、以降、全州、大田、京城、開城、平壌、鎮南浦、安東などを転々とし、六月一六日、満州の奉天にたどり着いた。

彼は、内田良平の添書《てんしょ》を携えて、朝鮮銀行奉天支店長の小西春雄を訪ねた。小西は、大連を中心に事業展開する福昌公司を紹介し、彼に大連行きを勧めた［福岡日日新聞一九二二・一〇・二］。

七月二一日。

大連に移った朝日は、福昌公司の本船係として採用された。

福昌公司は、相生由太郎《あいおいよしたろう》が創設した会社で、大連を中心に満州経済の様々な方面に事業を展開していた。相生は福岡生まれで、青年期に玄洋社（頭山満らによって設立された右翼団体）のメンバーの知遇を得て、行動を共にした。三井鉱山会社に入社後、三井物産会社の門司支店に転じ、そのときの支店長・犬塚信太郎から才能を見込まれ、南満州鉄道株式会社の理事に就任した犬塚に従い、満鉄に入社することとなった［黒龍会一九六六：五九〇―五九二］。

相生は大連の埠頭《ふとう》の経営に従事し、後に独立。福昌公司を設立して、船舶貨車の貨物の積卸《つみおろし》や荷役の請負などの事業を展開した。さらに、彼は事業を拡大し、土木建設の請負や石材の採掘販売、不動産業、倉庫保険代理、貿易、農業経営などを手がけた。やがて彼は満州における経済界の重鎮となり、「大連の相生」として知られるようになった。

このとき、朝日を福昌公司に紹介した小西は、朝日について次のように語っている。

何時《いつ》も白鞘《しらさや》の短刀を懐中してゐて、国家とか社会とか黄色い声で頻《しきり》に憤慨する

癖があつた。［福岡日日新聞一九二一・一〇・一］

「青年は此の覚悟を要す」

そんな朝日の論考が雑誌『大民』に掲載された。

タイトルは、「青年は此の覚悟を要す」。一九一七年一〇月のことである。

日本の現状に対する批判と、政府高官・既得権益世代に対する強い不満・不服が綴られた激烈な文章である。

この論考が掲載された『大民』は一九一六年に創刊されたもので、頭山満が顧問をつとめていた。おそらく、玄洋社関係者との太いパイプを有する福昌公司に入社したことで、彼のもとに執筆の機会が回ってきたのだろう。

朝日は冒頭で高らかに語る。

東洋平和の確保は日本帝国の双肩《そうけん》に掛る義務たる事は、今更贅言《ぜいげん》を要しない。

［朝日一九一七：四二］

そもそも朝日の見るところ、日本帝国の国是は、天照皇大神《あまてらすおおみかみ》の「狭き国は広く、峻《けわし》き国は平けく、遠き国は八十《やそ》綱打掛けて引寄する事の如し」という言葉が示すように、天皇の統治の「雄大無限」性である。それを実行・実現するためには、「忠君愛国心」の念を強く持ち、「日本国として必ず成功すべき自信」が、国民になくてはならない。しかし、「腰抜外交官」たちには全く自信がないため、「益々《ますます》腰抜が甚だしくな」っており、期待はできない。日本は「東洋の平和確保を破壊する白人」を駆逐しなければならず、その中心はイギリスとアメリカである。そして、この事業を達成するのは「白熱的愛国の青年」でなくてはならない〔朝日一九一七・四一―四二〕。

続けて、朝日は言う。

此《この》大賭博を打つには、引込み思案の老人等では駄目だ。由来大事業を成した者は、皆、青年であつたといふ事に徴しても、老人連に大事を任すべからざる理由がわかる筈《はず》だ、殊《こと》に彼等老人等は、徹頭徹尾島国式で世界的で無い。〔朝日一九一七・四二〕

既得権益層たる老人世代への彼の批判は、痛烈である。とにかく、熱烈な愛国心をもった若者が、老人たちを退け、アメリカ・イギリスという敵国に対して正面から立ち向かっていかなければならない。

次に、彼は「支那保全論」の重要性を説く。

他所者《よそもの》の白人が東洋の支那で主人顔せんとするのを、土地者の日本が不法極まる英国其他に対抗上即《すなわ》ち支那の保全上より極力勢力を占めようとするに、何の不思議があるか。〔朝日一九一七：四三〕

ここで注目すべきは、中国において白人は「他所者」であるのに対し、日本人は土地につながる者だと認識している点である。そして、日本人がイギリス人に対抗する間は、「支那保全論」を採る重要性があると主張している。

朝日いわく、「彼等白人の為《な》す儘《まま》に傍観して居たら、支那全土を分割した上、日本をも犯す事は明白である」。もし、中国に白人たちの「鋭鋒《えいほう》」を阻止する実力があるのであれば問題はないが、「支那は日本が杖《つえ》を引つ張つて遣《や》らぬと、進む事否《い》な生きて行く事さへ出来ぬから、日本が支那の保全を計つて遣」る必要がある。日本の企業が「支那の所々に支店や出張店を置く」のは、そのような目的を達成するためである。

朝日は、福昌公司で働く自らの役割を「支那保全を計つて遣」ることにあると考えていたのであろう。そして、そのような「白熱的愛国の青年」こそが、「腰抜」の外交官や「引つ込み思案」の老人たちを脇《わき》に追いやり、米英に対抗しながら東洋平和を確保していくことができると考えていたのである。

朝日の言葉は、さらに過激になっていく。

> 吾々東洋人として、殊に東洋の運命を背負つて立つべき任務ある日本青年として、どうして花や月に浮かれて居られよう。日本青年中にも親を養う責任を有する者はいざ知らず、何等の係累《けいるい》もない青年は、己れ一個の安全のみ希《ねが》つて居る時節ではあるまい。己れ一人の小康に安んじて気楽に世を送る位の事は誰でも出来るのだ。吾人《ごじん》と志を同うする憂国の青年は、美しい犠牲者となつて笑つて死地を踏まねばならぬ。〔朝日一九一七：四四〕

ここで注目すべき点は、「親を養う責任を有する者」とそうでない者を分けている点である。彼は、後者こそが自らの安全を投げ捨て、「美しい犠牲者」として笑って「死地を踏」むべき人間であると主張し、そのような者こそが、自分と志を同じくする青年であると強調している。

――「親」、そして「死」。

青年・朝日平吾をめぐる重要なキーワードが、同時に出現している。

両親との関係の構築に失敗し、日本を飛び出した朝日は、この頃には明確な形で〈意思的な死〉に惹《ひ》かれている。自らのアイデンティティの維持や承認が獲得できる家族・郷里をもつことができず、さらに学業や職業軍人としての仕事も長続きせず、挫折の繰り返しの中で大陸浪人となった彼は、日本によるアジアの指導と解放という大きな物語に傾斜し、その物語における「美しい犠牲者」となることを夢見ている。その物語の中に自らの福昌公司での仕事を位置づけ、「支那保全」のための「憂国の志士」という新たなアイデンティティを獲得しようとしている。

彼はさらに言う。

> 私心なくして正義の剣を抜けば、霊威あつて必ずや是《これ》を成すを得る。此の自信あれば、湧然《ゆうぜん》として大勇猛心が出て来る、此勇猛心は、即ち生きては東洋平和を守る国士となり、死しては極天皇基（皇室の礎）を護《まも》る忠義の鬼となるのである。
> ［朝日一九一七：四四］

朝日の中から再度「死」という言葉が出てくる。天皇を護る「忠義の鬼」としての承認は、自らの死によって得られるという観念が、強い形でせり出している。

朝日の苛立ちは、加速する。

いわく、自らの同志となるべき重要な役割を有する同年代の青年は、概してだらしがなく軟弱である。

> 大半は未だ星や菫《すみれ》とホザイキ廻つて、眼を光らせずに頭髪ばかり光らして居る。神経衰弱となつて顔色はいやに生つ白く、腰はヒヨロヒヨロして力なく、口は大変賢いが、熾烈《しれつ》な愛国心が無い。一言にして評すれば薄つぺらな小才子ばかりで、利害の観念ばかり矢鱈《やたら》に発達して居る。之《これ》は固《もと》より教育家に人物なき故《ゆえ》でもあらうが、要するに青年志気の堕落である。
> 口で云つて聞かせてわからぬ奴は、先《ま》づ鉄拳《てっけん》を喰らはして後ち云つて聞かすが得策である。吾人は猪小才《ちょこざい》子の青年共に鉄拳を喰はして指導して遣《や》らねばならぬ。
> ［朝日一九一七：四四—四五］

彼は、軟弱な青年たちを鉄拳を食らわして指導し、青年士気の堕落を食い止める役割が自らにあると主張している。彼にとって、中国人のようなアジア人や軟弱な日本人青年は、指導してやる対象であり、自らの優位性は動かない。この文章には、コンプレックスの裏返しであろう強烈な自尊心、そして暴力性がにじみ出ている。

朝日は、この論考を次のような言葉で締めくくる。

> 老人の寝言等には耳を藉《か》さず、若い血潮の躍るが儘に、成ると成らぬは天任せにやるまでの事だ。富豪や大実業家は天から沢山の金を預つた人間の代名詞である。世の中で最も貴い物は、犠牲心と同情の涙である。此犠牲心と弱い支那や印度に対する同情心とを根底として働く吾人青年の前途を防《ママ》ぐ者は天下何者もない。思うて茲《ここ》に至れば体内に血の流れる音も聞こえる褌《ふんどし》も締め直したくもなる。
>
> 〔朝日一九一七：四五〕

ここで彼が「富豪」や「大実業家」を、「沢山の金を預つた人間の代名詞である」とネガティブな表現で定義している点は、注目に値する。「老人」と共に「富豪や大実業家」をも攻撃の対象とし、苛立ちを表明している。後述するように、この後の大陸浪人生活の挫折によって、彼の怒りの矛先は、徐々に富豪たちへと定められていくが、その前兆と言うべきものがこの文章には表れていると見ることができよう。

朝日の論考が掲載された『大民』一九一七年一〇月号は、外務省から外交上「有害」とされ、新聞紙法に抵触するとの指摘が幣原喜重郎《しではらきじゅうろう》（当時の外務次官）からなされた。その結果、発売から程なくして発売禁止処分となり、回収が命じられた。外交史料館に残る外交文書には、この発禁処分の直接の対象となった論考が三点挙げられているが、その中に朝日の論考も含まれていた。外務省が、朝日のような横暴な大陸浪人の言論に対して神経を尖《とが》らせていた様子がうかがえる〔外務省一九一七〕。

浪人生活

朝日は、この論考を発表した直後の一九一七年一一月から一九年一月までの生活を手記にまとめている。この手記は、奥野によって『嗚呼《ああ》朝日平吾』の中に収録されている。ここからは、手記「旅順下獄記」の記述を頼りに、朝日の大陸浪人生活を辿《たど》っていくことにする。

一一月頃。

朝日は、勤め先の福昌公司に不満を持ち始める。それは、従業員に対する待遇の悪さに対してであった。

中国東北部の冬の寒さはことさら厳しい。しかし、福昌公司は末端の従業員に対して充分な防寒着を支給せず、「格安《やす》服一着」のみを手渡しただけだったという。これに朝日は「余りに思ひ遣りの無い待遇の仕方だ」と反発し、「反抗心」を沸き立たせた。

彼は、相生由太郎を直接訪問し、外套《がいとう》の支給を懇願した。しかし、この要求は支配人や現場主任の反発を招き、聞き入れられなかった。

他にも、朝日にとっては納得がいかないことが続き、ストレスがたまったため、一一月末から「病気と云つて」二〇日ほどの休暇をとった。そして、一二月末、彼は辞表を提出し、福昌公司を辞めた。結局、この仕事も、続いたのは約四カ月間という短期間だった。

彼は、退社するにあたって相生に千円を貸してもらおうと相談に行ったが、「見事に謝絶されて了《しま》つた」。彼いわく、「後で考へて見ると、之は確かに予が無理であった」。

朝日は、何とか旅費を工面し、奉天に向かった。そして、友人の家に転がり込み、正月を迎えた。彼はここで「胸に無限の悲哀を包み、不愉快な三ヶ日」を過ごしたという。

以降、朝日の手記には、「不愉快」という文字が頻出するようになる。

彼はこの友人の世話になりながら無職生活を続けていたが、友人の妻が「ヒステリツクの女」で「何うも面白くな」く、大連に戻ることにした。

大連に帰ると、急に気が大きくなり、所持金がないまま、旅館に宿泊し続けた。しかし、「矢張《やは》り世の中は予の思ふやうには何うしても行か」ず、荷物を抵当に入れて金策に走ることとなる。しかし、大連の浪人仲間の多くは生活に困窮しており、なかなか頼ることができなかった。

逮捕

この頃から、朝日の自暴自棄な行動が目立つようになる。

彼は「博徒」や「毒婦」との付き合いを深め、たびたび喧嘩《けんか》沙汰《ざた》に陥った。「頗《すこぶ》る不愉快な日を過」ごしていた彼は、知人から日本公債株式会社大連支部を紹介され、勧誘員となったが、仕事に専念することはなかった。

そんな中、別の仕事の売上金を懐《ふところ》に入れ、三日間にわたって豪遊した。その結果、彼は仕事の依頼主である知人から告訴され、警察に拘束された。

留置場に送られた朝日は、鬱屈した日々を送ることになる。薄暗い板敷きの部屋に入れられると、「生れて始めての予には口惜いやうな恐ろしいやうな、そして何だか悲しいやうな、何とも名状の出来ない嫌な心持」を味わうこととなった。

同じ留置場には、窃盗犯などの複数の罪人が収容されていた。

朝日は言う。

併《しか》し今の世は、不義の富貴を擁して公然と悪事をして見たり、権力を振り廻して弱者を窘《いじ》める大奸《たいかん》の業《わざ》よりも、斯うした案外罪の軽い弱者が罪因となつて苦しんで居る世の中だ。あゝ何と云ふ矛盾したことで有らうと染々《しみじみ》感じてしまつた。

〔朝日一九二二：三〇三〕

朝日の鬱屈は、これ以降、富豪や権力者に対する苛立ちへと露骨な形で繋《つな》がっていく。

彼は十日後、旅順の留置場に移された。大連の拘置所に留置されている間に、一度、訊問《じんもん》を受けたが、反省の弁を述べることはなく、自分を告訴した知人の行為が「癪《しゃく》に障《さわ》つて」、自己弁解に終始した。そのことが「官吏の悪感を求め」て釈放が見送られ、旅順へと送られたのだ。

移動には汽車が利用された。一般客が見守る中、朝日は手錠をはめられ護送された。「絶《ママ》へ難き侮辱を歯に嚙《か》み締め、顔に手拭《てぬぐい》をあて、汽車の中へ引き入れられた」。

彼は旅順の未決監でも、さらに鬱屈を深めた。

夜はなかなか眠りに就くことができず、「涙は止め度なく流れて、終《しま》ひには声を殺して男泣きした」こともあった。日中、じっと座っていると「色々な事が頭を乱して悶《もだ》えたり悲しんだり」することも多く、悲嘆に暮れることが度々あった。

そんな彼を、さらに深く落ち込ませることが続く。

朝日は看守から「百円の金さへ出来たら放免されるだらう」と伝えられ、早速、大連の友人や福昌公司の関係者に援助を求める手紙を送った。しかし、返事はほとんど返ってこず、保釈金を支払ってくれる者は現れなかった。救いの手を差し伸べてくれる友がいなかったのである。

あゝ人の心は、何故斯うまでも薄情に出来たものか、入監してから僅《わず》かに一ヶ

月、凡ては予の期待をまるで裏切ってしまった。［朝日一九二一：三一五］

彼は、自らの行為を反省することなく、一方的な恨みと疎外感を強めていく。身体は痩《や》せこけ、顔は青白くなった。

ある日、医者の診察を受けたところ、「神経衰弱」との診断が出た。彼は告訴した知人への恨みを強め、「出獄したらいつそ一と思ひに、恨みの一念刺し殺して呉《く》れやう」と何度も思いつめた。さらに、未決監の前科者から「悪いことばかりを毎日教へられ」、出獄後は「悪漢」として生きようと考えた。その神経はささくれ立ち、「気の狂ひさう」になることが「よく有つた」。

「不愉快」と富豪への敵意

朝日は、約二カ月間の未決監での生活の後、「朝鮮へ行く」ことを条件に釈放された。しかし、彼はその条件を無視し、再び大連に向かった。大連に着くと、知人の妻は彼を「さも恐いものでも見るやうにして居」り、不快感を募らせた。訪ねて回った知人は、皆、冷淡だった。

　みんな、一様に冷やかな態度を採つて居るので、癪に障つてたまらなかつた。（中略）予は一種の憂鬱症にかゝつて、考へることも為すことも、云ふことも誠に元気の無いものであつた。神経は針の頭《さき》のやうに鋭く尖つて、小さいことにも喜怒哀楽の感じやうは酷《ひど》く、実に不愉快な生活をして居つた。［朝日一九二一：三二六―三二七］

朝日は、陰鬱な思いを抱えながら、無為の日々を過ごした。

釈放から二カ月たった九月末、一念発起して、仕事を探しはじめる。同地を代表するメディア、満州日日新聞社の高橋天豪を訪問し、助力を懇願した。すると高橋は、通信社の大連支部の記者として勤務するよう働きかけてくれ、就職が実現した。

しかし、この仕事も長くは続かなかった。

着任後まもなく、官憲から呼び出され、大連からの退去を命じられた。彼は自らの退去命令の背後に、地元の経済人と官憲の癒着があると睨《にら》み、両者への敵意を露《あら》わにする。

予は彼等富豪の横暴と、官憲の卑劣な仕打に憤慨はしたが、併《しか》し到底之《こ》れに対抗するだけの力が無い。無念の歯《は》噛《がみ》をしながら其処《そこ》を去つて了つた。実に残念だ、富豪は金力を以つては如何《いか》なる振舞でも出来ると思つて居るし、官憲は其の権勢に依つて、何《ど》んな無意義の圧迫でもやるのであつた。［朝日一九二二：三一八］

大連を退去した朝日は、一〇月初旬、奉天に移った。奉天では、後に長崎三区から衆議院選挙に立候補する原口聞一《ぶんいち》の口利《くちき》きで、内外通信社の記者として勤めることとなった。しかし、この新聞社でも、その傍若無人な態度は変わらなかった。

三文記者達が、てんで意気地の無い勤務振《ぶり》に引き換へて、予は思ふさま派手に立廻つてやつたから、編集部の空気は至つて冷やかなものであつた。［朝日一九二二：三二九］

朝日の入社によって編集部は混乱し、退社する記者が相次いだ。結局、朝日はこの会社でも人間関係をうまく結べず、社長の「旧思想」に「すつかり愛想をつかして」

辞めることとなった。

その後は、隣家のトラブルに介入して奉天の名士と激しく争い、また当地の宮本宇八郎の自宅に居候《いそうろう》して、日華実業や遼陽新聞支局で記事を書くなどして暮らしていた。居候先の宮本宅では、妻の家事が行き届かず、料理が上手《うま》くないことに不満を強め、一方的に「不愉快」な思いを募らせた。宮本を「頗る狭量の人物」と非難し、苛立ちを深めた。

朝日は、この宮本家で一九一九年の正月を迎えることとなった。しかし、「今年ほど不景気な不愉快な元旦を迎へたことは無かつた」と憤《いきどお》った。次に中野天心（常太郎）を訪ね、寄食することとなった。中野は亜細亜《アジア》義会（大亜義会）を主宰した人物として知られ、玄洋社・黒龍会との繋がりも深かった。

ここでも朝日は良好な関係を築くことができなかった。彼は入ってきた金をすぐさま遊興費に使い果たし、そのことを中野に咎《とが》められると「不愉快」を感じて会を出た。以降、奉天で浪人生活を続けていたが、この年の五月、赤塚総領事らの暗殺を思い立ち、ピストルを求めていたことが発覚して、奉天からの退去命令が出された。京城に赴き、「朝鮮及満州」社に入社。これも長続きせず約一カ月半で退社し、その約一カ月後の八月二日、失意のまま日本に帰国した。

父への手紙

朝日は帰国に際して、佐世保に住む父に手紙を送った。この手紙は、朝日の葬儀の際、兄・儀六から奥野に託され、『嗚呼朝日平吾』に収録された。

手紙の冒頭、彼は馬賊に参加したことを振り返り、次のように言う。

去《い》ぬる大正五年より国家の為めに尽瘁《じんすい》（力を尽く）し、男子としての生き甲斐《がい》ある活躍に危険極りなき馬賊隊を率ひ、満蒙の原野に馳駆《ちく》致し候も、あゝ平凡なる男として徒《いたずら》に生を貪《むさぼ》らんより命を的に乾坤一擲《けんこんいってき》の大勝負をせんとの覚悟に外ならず候ひき。／されど、大志空《むな》しく水泡に帰し、何事も知らぬ世の人からは其の真相を極めずして、たゞ危険人物扱ひをさるゝの結果のみを残して候。素《もと》より勝てば官軍、負くれば賊となるの俚《たとえ》は万々承知の一六勝負（運任せの勝負）。たゞ世人が余りに思ひ遣りの無い態度は、大人物《だいじんぶつ》でも無い小生に不平心を増長させ、其後は朝に晩に酒で憂《うれい》を遣りつゝ、何とかして今一度大事を為さばやと存居《ぞんじお》り候。

［奥野一九二二：二一八―二一九］

国家のために「危険極りなき馬賊隊を率ひ」たにもかかわらず、世間からは「危険人物」として扱われる。なぜ、世間は自分を認めようとしないのか。世間は自分を冷遇し、「思ひ遣りの無い態度」で接するばかりだ。イライラする。不平・不満ばかりがたまってゆく。何とかして世間を見返すような「大事」を成してみたい。そんな朝日の自意識が、鮮烈に表れている文章だろう。

続けて、朝日は述べる。

斯《か》くて、孝を捨て家を忘れて東奔西走の放浪生活致し居り、如上の文書《ぶんい》を解して、皆様は金さへ出来れば偉き様に思召《おぼしめ》し候はんも、人は金を貯《た》めんがために生れしものには御座無く候。勿論《もちろん》、旧思想の皆様には到底私等の心事は諒解《りょうかい》なさること叶《かな》ふまじく候はんも、愈々《いよいよ》息を引き取ると云ふ五分間前に、御臨《おのぞ》みなされ候節は金と云ふもの、塵芥《ちりあくた》に等しく、自分が世に在つて何事を為せしかを悔悟致されるる事と存候。

新陳代謝と云ひ老朽淘汰と申すも、畢竟《ひっきょう》時代後《おく》れの人が新時代の者に後を譲つて世の進歩発達を図るがための言葉にして、旧思想の人に何時《いつ》までも小我《しょうが》にとら

> はれて世の中に居る以上は、新思想の向上発展は阻止せられ、延《ひ》いては社会の進運を妨ぐる事と相成り。宇宙の真理を乱るのみならず、神仏《かみほとけ》の手前相済まぬ事と存じ候。〔奥野一九二二：二一九―二二〇〕

彼は、ここでも「旧思想」と「新思想」という二分法を用い、既得権益層として存在する老人世代を批判する。彼の認識では、「金」に固執する「旧思想」の持ち主、言いかえれば「小我」にとらわれた者こそ打破しなければならない。「新陳代謝」「老朽淘汰」こそが必然的な理《ことわり》であるにもかかわらず、「旧思想」の既得権益層が「新思想」の若者を阻止するのは、「宇宙の真理」に反する。

朝日は、このような認識を、繰り返し「真理」と表現し、次のように手紙を締める。

> 先は以上、甚だ失礼の言には候へ共《ども》、之れ皆、宇宙自然の真理にして、其れより推論せしものなれば、何人と雖《いえど》も、異議をさし挟むが如き愚物は有るまじと存候。先は、最近の小生の思想御報導まで。〔奥野一九二二：二二〇〕

このように、父に対する手紙でも、彼の強い自尊心と攻撃性が、文章の前面に出ている。自分の考えは「宇宙自然の真理」であって、誰も異論を挟むことができないと明言し、そのことを実父に向かって誇示している。これは、肉親に認められたいという強い願望の表れであろう。

朝日はこのとき、二九歳。

当時は数え年が一般的であったため、社会的認識としては、すでに三十代に突入していた。

行く先々で問題を起こし、定職を得られない。信用できる友もなく、勇んで乗り込んだ大陸では挫折の連続。時に逮捕され、町からは石もて追われる。

鬱屈を抱えたまま、逃げるように帰国した朝日平吾が「安田善次郎刺殺テロ事件」を起こすまで、あと二年に迫っていた。

第三章　鬱屈

家族への苛立ち

父へ自尊心の発露に満ちた手紙を送った朝日は、一路、佐世保の自宅へ向かった。一九一九年八月四日。

帰還した彼を待っていたのは、家族の冷ややかなまなざしであった。翌日の日記には、次のように記されている。

> 四年振りに帰宅せしも、母は肴《さかな》一度供し呉《く》れず、朝より夕まで一言も交《かわ》されず、吾れより談話《はなし》すれば逃げて答へず、恰《あたか》も針の蓙に座せし気持ちす。されど家運は隆々として繁栄しつゝありて店頭また頗《すこぶ》る好況なり。予想外の家庭の有様に帰郷の途中に於ける心情とは正反対に聊《いささ》か反抗の気分のきざせるを覚ゆ。皆、父母の仕打ちが原因也《なり》。（傍点は引用者）［奥野一九二一：二三四］

「予想外の家庭の有様」、「帰郷の途中に於ける心情とは正反対に」という記述からわかるように、朝日は、実家に帰ると父母が温かく迎えてくれることを期待していた。数年ぶりに大陸から帰ってきた息子への歓待を想像していたのだ。

しかし、現実は違った。

父母は彼を避け、冷たくあしらった。彼が話しかけても、義母は答えもしなかった。一日中、会話のない時間が続き、まるで「針の蓙」に座っているような気分が朝日を支配した。

父母にとって、朝日は恥ずべき不肖の息子だった。金の無心を繰り返し、時に暴力を振るう。なかなか定職にもつかない。そんな次男は、父母にとって厄介者以外の何ものでもなかった。

事件当時の新聞記者の取材に対して、叔父の林太郎は、素行の悪い朝日が「親兄弟は素《もと》より親戚《しんせき》の端々に至るまで迷惑を掛けて居」たため、音信不通となっていた期間は「家の者は寧《むし》ろ彼の行方不明を喜んでゐた位」だったという〔福岡日日新聞一九二一・一〇・一〕。この帰宅時も、彼は酒食に耽《ふけ》って両親を苦しめ、「社会主義的言辞を弄《ろう》し、常に大言壮語し」ていたため、家族は困り果てていたという〔九州日報一九二一・九・三〇]。

このような状況は、朝日を苛立《いらだ》たせた。

八月六日の日記には、次のように書かれている。

　母は夏季なるにも拘《かか》はらず、よごれ物は如何《いか》にせしやとも云はず、他人よりも浅間《あさま》しく我等兄弟を遇せり。従って店員女中まで我々を軽視するの状は顕著たり。

[奥野一九二二：二二四]

彼は「え丶……、わざ〳〵帰郷せざりしものを、斯《か》くあらんとは知らざりし口惜《くや》しさよ」と叫び、不満をあからさまにした。

翌日以降、日記は文章の体をなさなくなる。

「不快〳〵」「癪《しゃく》だ〳〵」

八月二一日には「帰省せしより約二十日間、此《こ》の間一日として愉快なる日を送りし事なかりき」と記し、改めて不快感を露《あら》わにしている。

九月一八日。

そんな朝日の様子を見るに見かねた父の友人がやってきた。

彼は「涙を流して意見し『改心して仕事に真面目《まじめ》なれ』と東京迄《まで》の切符を与へ相当の旅費迄渡し」たという［九州日報一九二一・九・三〇］。これには朝日も、大きく心を動かされた。朝日はこの日の夜、数年ぶりに父母と親しく会話を交わした。

彼の日記には「父の心も折れた」と記されており、相互のつかの間の和解が成立した。

父に説得され、商売を始めることを決意した。彼は、父から資金を受け取り、佐世保から離れた場所で店を開くことを決めた。

翌日の九月一九日。

家族に見送られながら、佐世保を後にした。朝日は、心機一転、新たな人生を歩むべく、旅立ったのである。

戦後恐慌と労働運動

朝日が帰国した頃、世界では第一次世界大戦が終結し、ヴェルサイユ条約が締結されていた。国内では、前年に原敬内閣が発足し、「民衆の時代」「デモクラシーの到来」が叫ばれた。

「平民宰相」といわれた原敬は、国民のデモクラシーへの期待を巧みに操作し、権力の基盤固めを行った。一九一九年二月一一日には、東京ではじめて普通選挙の実施を求めるデモが行われた。このデモを主催したのは、普通選挙同盟会と全国学生同盟会で、早稲田大学の学生を中心に約三〇〇〇人もの人が集結した。このときデモを指揮した一人がのちに政治家となる西岡竹次郎で、数カ月後、朝日は西岡の運動に参加することとなる。

普通選挙要求の大会は全国各地で開かれ、運動は急速に盛り上がった。普選運動のうねりがさらに拡大すると、原は選挙権の条件を納税額一〇円から三円に引き下げ、大選挙区制を小選挙区制に変更する法案を提出した。一九一九年三月、法案は衆議院で成立し、五月に公布された。選挙権の拡大により、有権者数は倍増したものの、権利を獲得した者の多くは地方の自作農で、結果として政友会の支持基盤を強化することにしかつながらなかった。

このような与党優位を担保した選挙制度改革は、原内閣に対する批判を高めた。原を「反デモクラシー」と見なす人々の運動は熱を帯び、労働運動・学生運動が盛んになった。

一方、大学では、一九一八年一二月の新人会の結成に続き、学生組織の設立が相次ぎ、多くの人材が輩出した。このような潮流は言論界の活性化を促し、一九一九年には『改造』『解放』『我等』『社会問題研究』といった雑誌が、次々に創刊された。

第一次大戦が終わると、一時の成金ブームが一気に下火となった。一九一七年に河上肇が出版した『貧乏物語』がベストセラー化したように、大戦下の成金ブームは、一部の人間しか豊かさを享受《きょうじゅ》できない格差社会特有の現象であり、民衆の生活は依然として苦しかった。このような格差・貧困の拡大は、大戦の終結によって加速することとなる。

景気は一九一九年の後半から一時的に持ち直したものの、一九二〇年三月から日本は深刻な不況に陥り、「戦後恐慌《きょうこう》」が始まった。四月には増田ビルブローカー銀行が支払い不能に陥り、五月末には横浜の貿易商・茂木商店が倒産した。この流れは各所に波及し、破産・倒産が相次いだ。

国民は、この恐慌の影響を真正面から受けた。

米や繭《まゆ》の価格下落が止まらず、デフレが拡大し、農村経済を直撃した。各企業は労働者の就業条件・雇用条件を劣化させ、その存続を図った。

これに対し、各地では小作争議や労働運動が盛んになり、工場のストライキなどが相次いだ。労働組合の結成が激増し、団結した労働者による待遇改善の闘争が激しくなった。一九二〇年五月二日には、上野公園で第一回のメーデーが開催され、約五〇〇〇人の労働者が参加した。ここでは、「八時間労働制の実施」や「失業防止」、「最低賃金法の制定」などが決議され、労働運動は活況を呈した。

革新的日本主義者の台頭

このようななか、革新勢力のあり方も、活性化とともに多様化していった。一九一八年に満川亀太郎《みつかわかめたろう》の呼びかけによって設立された思想研究会・老壮会《ろうそうかい》には、様々な立場の革新主義者が集まった。国家社会主義者の高畠素之《もとゆき》、農本《のうほん》主義者の権藤成卿《ごんどうせいきょう》、アナーキストの高尾平兵衛、社会主義者の堺利彦、旧自由党の大井憲太郎、革新右翼の大川周明、労働運動の下中《しもなか》弥《や》三郎《さぶろう》、右派ジャーナリストの中野正剛……。

多種多様な背景を持った人間が、国家・社会の革新を考察するために集まり、月数回の勉強会では、活発な意見交換がなされた。主催者の満川自身が述べているように

「軍国主義者あり、社会主義者あり、将軍あり、労働者あり、学者あり、浪人あり、老人あり、婦人ありで、外から見れば全く如何なる性質の会か分からな」いものだった〔満川二〇〇四：一九二〕。

やがて、大川周明と満川亀太郎を中心とする「一途《いちず》に国内改造を目指せる人々」は、「毎週第一回位の集会討究に満足出来なくな」ってゆく。「出来得るならば夜を日に継で始終集つて来て、イザ大事勃発《ぼっぱつ》の時機には即刻間に合はせるだけの準備を整へて置かねばならぬ」という考えから、彼らは一九一九年八月、猶存社《ゆうぞんしゃ》を結成する〔満川二〇〇四：一九四〕。

当時の革新勢力・改造運動を、大川周明は次のように分類している。

第一は無政府主義的傾向のもので、故大杉栄氏を其《そ》の代表者とします。第二には後の共産党となるもの、第三は後の諸無産政党となれる社会民主主義的傾向のもの、第四は高畠素之氏を中心とせる国家社会主義的傾向のもの、第五は即《すなわ》ち「猶存社」を中心とせるもので、具体的政綱に於《おい》ては国家社会主義と類似して居るけれど、其の拠《よ》つて立つところの精神的基礎は純乎《じゅんこ》として日本的なる点に於て前者と異つて居ります。〔大川一九六四：六八四〕

アナーキスト、コミュニスト、社民主義者、国家社会主義者、革新的日本主義者。大川の分析では、この五つの潮流が、一九一九年ごろに革新勢力の中から派生してきたとされる。その上で、猶存社は革新的で社会改造を目指しながらも、精神はあくまでも日本的であるという点において、他の潮流とは区別されるべきであるという。

この時代の革新勢力を俯瞰《ふかん》する上で、非常に重要な指摘であろう。大川が猶存社を右翼の系譜の中に位置づけるのではなく、あくまでも革新勢力の中に位置づけようとしている点も重要である。

さて猶存社の結成であるが、満川は会を発足させるにあたって、当時上海《シャンハイ》に滞在していた北一輝を日本に呼び戻し、国家改造の指導を委《ゆだ》ねることを提案した。満川は北と一度しか会ったことがなかったものの、彼の見識に魅了されており、指導者として迎えることを決めた。これに同意した大川が、北を迎えに上海へ行き、帰国を決断させた。

北は当時、『国家改造案原理大綱』の執筆中であった。満川と大川は、この改造プランを指南書に据え、猶存社の綱領を作成した。

このことからわかる通り、猶存社のメンバーは極めて強い設計主義的傾向を有していた。彼らは、理知的に国家改造プランを作成し、その政治的実現を目指して活動を行った。これは玄洋社のような伝統右翼と、思想的には大きな断絶を有することを意味している。

朝日平吾は遺言のあて先の一つとして、北一輝を選んでいる。また、後述のように、彼が事件に際して書いた「死ノ叫声」には、社会改造についての設計主義的傾向が色濃く見られる。この点から見て、朝日は北の『国家改造案原理大綱』（のちに『日本改造法案大綱』と改題）を何らかの方法で読み、影響を受けていた可能性が高い。

朝日が満州で接した相生由太郎や中野天心らは、玄洋社の人脈につながる人々であった。朝日にとって彼らはすなわち「旧思想」の「老人」であり、若者の社会改造の熱気を阻害する者たちであった。

朝日が思想的シンパシーを抱いたのは、北一輝をはじめとする新世代の革新的日本主義者たちだった。そして、そのような革新的構想は、彼の行動を労働運動や普通選挙運動へと導いていった。

旅行具店の開業

郷里・佐世保を後にした朝日が向かった先は、北九州・八幡市の戸畑だった。一九一九年九月末、彼はここで父から渡された資金を使って、旅行具店を開店させた。その開店の日に父に送った手紙が『嗚呼朝日平吾』に掲載されている。朝日は言う。

> 最早や何時《いつ》にても開店の運びと相成り居候《おりそうら》へ共《ども》、材料其他皆無のため、安閑として遊び居りしに、本日材料一個、柳行李《ごうり》其他一丸の御恩送に預り、飛び立つばかり打喜び、早速、正札を付けるやら陳列をするやら、生れて始めて自分としての店を出したことゝて、アツシ着（木綿の仕事着）とは云へ、身も軽く心も軽くいそ〳〵と致し居り候ところ、藤野様御来訪に相成り、色々の話を申上候。［奥野一九三二：二三二］

朝日のもとに、父から開店に必要な品々が送られてきたのだろう。その行為に対して、朝日は素直に「飛び立つばかり打喜び」、感謝の意を表している。彼は生まれてはじめての商売に希望をもっていたのだろう。文面からは、以前の朝日では考えられないような、健全で前向きな思いが読み取れる。

手紙の中で、朝日は戸畑での質素で堅実な生活ぶりも伝えている。

総《すべ》ての煮《に》焚《た》きが随分面倒に候《そうろう》間、平素は塩昆布やら梅干やらアジツケ塩さば等にて、頗る軽便に生活致し居り候へ共、今日丈《だ》けは転宅して始めての開店祝ひのことに候へば、十五銭の尾頭つきの魚ども頂き申候。酒は一切厳禁致し、当地着以来、一滴も頂戴《ちょうだい》仕《つかまつ》らず候。

(中略)先々どうやらこうやら開店も致し候条、御安心被下度《くだされたく》候。先《まず》は右御礼旁々《かたがた》御一報まで。〔奥野一九二二:二二二〕

塩昆布や梅干などを中心とした質素な食事をとり、酒は一切断ち切っていると父に報告している。そして、何とか開店にこぎつけることができたので「安心」してほしいと伝え、最後にしっかりと「御礼」を述べている。

息子の改心した様子に、両親も一時、胸をなでおろしたに違いない。

八幡製鉄所争議と青年改造連盟

しかし、朝日が小店主としてささやかな人生をまっとうすることはなかった。

彼は、開店直後に起こった八幡製鉄所の労働争議に介入し、一一月末には店を畳んでしまう。

おそらく朝日が介入した労働争議は、この年の一〇月一一日から一六日にかけて起こった官営八幡製鉄所職工の運動だと推察される。この労働争議では、賃上げや労働の八時間制、住居補助費の支給、夜勤特別手当などの要求がなされ、最終的には賃金三割の臨時アップが約束され、妥協が成立した。争議に加わった職工は、一七一二人に及ぶという〔青木一九六八：二六九〕。

職工たちの不満は収まらなかった。

彼らは、翌年二月五日、一万三千人規模のストライキを行った。石炭の運搬は止められ、創業以来初めて大溶鉱炉の火が消えた。争議の指導者は警察に連行され、拘束された。これに激高した数千人の職工が翌日集結し、溶鉱炉襲撃をもくろんで警官・憲兵らと衝突した。

二月二四日には、争議が市街地にもおよび、八幡市内は騒乱状態に陥った。これに対し、原首相は労働者たちの徹底した弾圧を図り、ストを牽引《けんいん》した組合を壊滅させた。労働者二二四名を解雇した上で、実働八時間と賃金増額を約束する。戦前の労働争議の中で二番目に大規模なものであり、のちに労働運動史上の代表的な争議として知られることとなる。

朝日が、一九二〇年二月の大争議に参加したかどうかは不明である。しかし、前年一〇月の争議に参加したことが引き金となって、平凡な商い生活を放棄してしまったのは間違いない。おそらく、この八幡製鉄所の労働争議によって、「旧思想」の「老人」たちへの憤《いきどお》りにまたしても火がついたのであろう。富豪や政治家・官僚に対する鬱屈《うっくつ》した感情が、再び頭をもたげてきたに違いない。

彼が、この後、一市民としての生活に戻ることは二度となかった。

朝日は、次に普通選挙実施を訴える青年改造連盟の遊説《ゆうぜい》に同行して、各地で演説活動を行うようになった。

青年改造連盟は西岡竹次郎らが一九一九年一一月に設立したもので、党派を超えて普通選挙の実現を要求する青年組織だった。連盟結成の様子は、当時の新聞で大々的に報道され、「青年を主体とせる新たなる改造運動」として注目を浴びた〔国民新聞一九一九・一一・二〕。

青年改造連盟は、設立の「宣言」で次のような理念を掲げた。

> 今、世界はことごとく改造へ、改造へと急いでゐる。改造の基調は民衆化にある。貴き改造運動は、民衆化した世界の創造運動でなければならぬ。民衆へ、民衆へと過去の一切の人類社会における伝統的因襲を片っ端から造り直して全人類を解放するところに人類共同の生存がある。世界恒久の平和がある。〔西岡竹次郎伝記編纂《へんさん》会 一九六五：一三〇〕

この時代の革新勢力が抱いた普遍への意志が明確に現れている。革新的日本主義者の集団・猶存社は、創刊した機関紙『雄叫《おたけび》』で「人類解放戦」を戦う意志を示し、後続の行地社は、その綱領で「世界の道義的統一」を掲げている。また、北一輝も『日本改造法案大綱』の中で、世界連邦の理想について言及している。

大正時代の革新青年に共通する志向性は、日本の旧態依然とした社会体制に対する設計主義的な改造の意志と「人類解放」という普遍への感性であった。

青年改造連盟「宣言」は、次のように論じる。

> 日本を挙げて官僚化し、軍閥化して旧《ふる》き日本を建設してゐた一切の『過去の人』を駆逐した若き日本民衆の手によって為《な》し遂げられなければ日本の改造運動

> は無意味ではないか。然《し》かもその民衆の中の新しい青年の手によって改造された日本でなくては、何で若き新しい日本が創造されやう。然も新日本の建設は、新人の改造運動によらなくてはならない。そしてその新人が青年でなくて何であらう、最も早く世界思潮の前に目醒め、民衆の理想、希望をもって己れの理想、希望とするすべての青年が大同団結して起《た》ったのでなければ、旧き日本の改造事業は達成されない。［西岡竹次郎伝記編纂会一九六五：一三一］

このような文章に、朝日が強く惹《ひ》かれたことは想像に難くない。「老人」たちの「旧思想」と既得権益を徹底的に非難・罵倒《ばとう》してきた朝日にとって、青年であることを「改造事業」に従事する条件と掲げる青年改造連盟は、思想的に共感できる集団と思えたはずである。

朝日は、一九一九年一二月から西岡竹次郎を中心として行われた連盟の九州遊説に加わり、各地を回った。

一九二〇年に入ると、全国で各団体による大規模な普選要求運動が繰り広げられた。二月に入るとその勢いは増し、東京では連日、デモ・集会が行われた。時に参加者は一万人を超え、特に二月一一日に上野公園と芝公園で開催された集会には、三万人を超える参加者があった。

一方、原首相は、普通選挙の時期尚早《しょうそう》論をとっていた。彼はこの普選運動の拡大を阻止すべく二月二六日、衆議院を解散した。これによって、当面の選挙は、前年に原内閣が改正した選挙法に基づいて実施されることとなった。

朝日は、この原首相の強権的な姿勢に強い不満を持った。そして、「満二十五歳以上の独自生計の男子」に選挙権を与えるべきことを主張していた最大野党の憲政会を支持することに心を決めた。

この年の四月、朝日は憲政会の選挙を応援するために、上京した。約四年ぶりの東京だった。

第四章　空回り

選挙応援

一九二〇年四月。

東京に到着した朝日は、即座に憲政会の本部へ足を運び、選挙活動の支援を行うこととなった。

投票日は五月一〇日。

彼は、すでに始まっていた選挙戦を応援するため、一路、福島へと向かった。そして、福島七区の憲政会候補者・中野寅吉《とらきち》の支援に奔走した。

中野寅吉は、元の名を小林寅吉と言った。彼はかつて、小林姓で小樽日報の事務長を務めていたことで知られる。

一九〇七年一〇月一日。

この新聞社に一人の文学青年が加わった。

石川啄木である。

啄木は入社早々、主筆の岩泉泰《やすし》と激しく対立した。その結果、白石社長が岩泉主筆を解任し、啄木が推薦する沢田信太郎を主筆に迎えた。

この一連のプロセスを苦々しく見ていたのが、小林寅吉だった。

ある日、寅吉は啄木を厳しく叱責《しっせき》した上、殴りつけた。これに反発した啄木は、九日後に小樽日報を退社。袂《たもと》を分かつこととなった。

文学史上で「石川啄木を殴って小樽日報を退社に追いやった人物」として知られる寅吉は、のちに政治家に転身し、福島七区から立候補した。彼は、議会でも「蛮寅」と呼ばれ、暴力的な言行で恐れられた。

その中野寅吉の選挙を、応援することとなったのだ。

選挙の結果は、中野の勝利に終わった。対抗馬の肥田金一郎（立憲政友会）との得票差は五七二票。選挙権が制限され、有権者が限られる当時の選挙としては、まずまずの勝利だった。しかし、全国では政友会の勝利が相次ぎ、最終的には与党政友会が一一九議席も増やす圧勝となった。

朝日にとって、極めて複雑な結果となった総選挙だったが、彼はこの運動の中で、有力者との新たな人脈を築くこととなった。

その中の一人に、弁護士の風間力衛《りきえ》がいた。

朝日は、風間を「国士」と見なして敬意を抱き「福岡日日新聞一九二一・九・二九」、「現代の政治を改良」する際の「親分となつてくれぬか」と頼んだという「東京日日新聞一九二一・九・二九」。風間はこの依頼を断ったが、朝日の風間に対する敬愛の念は変わらなかった。

このような想《おも》いが、歪《ゆが》んだ形で現れたのが、安田刺殺テロ事件の際である。

朝日は、犯行に際して偽名を使用したが、その名前こそ「風間力衛」であった。

事件当初、犯行を疑われた風間は、朝日の犯行だと分かると、「憲政会の演説会などで時々逢《あ》つた事が有る位のもので其《そ》れ以上に特別な関係があると云ふ訳ではありません」といぶかしがり、「迷惑至極です」と突き放した「読売新聞一九二一・九・二九」。

平民青年党

この選挙の後、朝日は東京に戻り、浪人生活を送ることとなる。やがて、平民青年党という組織の立ち上げを宣言し、自ら党首となった。

彼は、次のような綱領を掲げた。

一、皇室中心民本思想に立脚し、神州男子の本領を発揮すべし。
一、苟《いやしく》も正義人道を無視し国利民福を侵すの輩《やから》あらば、其の何者たるとに論なく、之《これ》を膺懲《ようちょう》す（こらしめる）べし。
一、政党及一般青年団に超越して、蛙《あ》鳴《めい》盲動（騒ぐだけで深く考えずに行動すること）するなく、飽迄《あくまで》至公至純至誠なるべし。［奥野一九二二：二五〇―二五一］

まず重要なのが、朝日が自らの立脚する思想を「皇室中心民本思想」としていることである。

彼の掲げる理念の枠組みは、「一君万民」思想に基づくデモクラシーの導入であった。本来、「一君万民」の日本では、超越的な天皇の下、平等な万民が存在するはずである。しかし、実際には制限選挙のような政治的不平等が存在する。このような不正を「皇室中心主義」に基づいて打破し、民本主義を確立することこそが、朝日の抱いた構想であった。

さらに注目すべき点は、彼がここで「正義人道を無視し国利民福を侵すの輩」を征伐して懲《こ》らしめるべきであると主張している点である。

――国家の利益と国民の幸福を疎外《そがい》する人間は、断固として成敗すべきである。

このような思いを反映させた「綱領」には、朝日の攻撃的性格がよく表れていると同時に、のちの安田刺殺テロ事件につながる思考の枠組みが垣間見《かいまみ》える。

彼は「綱領」の作成と同時に、「我党奮起の主義」と題した文章を執筆し、各方面に配布した。

朝日は語る。

> 欧州大戦の結果、全世界の思想は激変して、国民皆其の帰趨《きすう》に迷悶《めいもん》するものがある。然《しか》れども吾《わ》が日本帝国は、建国以来、炳乎《へいこ》たる（光輝く）大精神の存するありて、世界に比類なき燦爛《さんらん》の光を放ち、確固不抜の国体を形成して来たのは、洵《まこと》に吾人《ごじん》の光栄とするところである。
>
> 此《こ》の大精神こそ我が日本の国民思想たり不変の信仰なるべきものであって、之れあるが為に、始めて国家は安泰、国民は幸福であらねばならぬ。（傍点は引用者）〔奥野一九二二：二四八〕

朝日の見るところ、日本は「確固不抜の国体」を有し、その精神に基づく「不変の信仰」を共有している。そのため、日本という国家は安泰であり、国民は幸福でなければならない。

朝日はここで「国民は幸福であらねばならぬ」と表現している。ここには、平等な幸福を約束されているはずの国民が、なぜに現状では幸福を平等に享受《きょうじゅ》できないのかというナイーブな問いが含まれている。朝日にとって、平等であるはずの国民が平等に幸福を享受できない社会は、真の日本社会の姿ではない。そして、この問いには、なぜに日本人であるはずの自分が、これほど不幸な状況に陥《おとしい》れられているのかという鬱屈《うっくつ》した憤《いきどお》りも含みこまれている。

社会において自分が味わっている不幸や不安、孤独、疎外感は、一体何なのか？　なぜ自分ばかりが、平等な幸福を享受できないのか？　なぜ、世の中は自分を認めようとしないのか？

そんな疑問とも言えぬ怒りと怨念《おんねん》が、行間から湧《わ》き上がってくる。

彼は、続けて言う。

> 然《しか》るに何等の痴漢（愚者）ぞ脚下を照準するなく欧米の思想に心酔して、之を我帝国の思想たらしめんと宣伝し、引いては国家を破壊するの愚を学ぶ者がある。

> 或は又、武家専制の遺物たる、貴族的軍閥的の階級思想を固執して、自由平等たるべき陛下の赤子を窘迫《きんぱく》し（苦しめ）、民本思想を指して危険視する頑迷不霊の痴漢がある。斯《かく》の如《ごと》きは我が国体の真髄を究めない阿蒙《あもう》（進歩がない）の輩であつて、前者の危険なると同時に、後者もまた大危険なるは、今更贅言《ぜいげん》を要せざるところである。［奥野一九二三：二四八—二四九］

朝日にとっては、欧米思想にかぶれるインテリも、階級的特権に固執して国民の平等を阻止するブルジョワも、同様に愚かで危険な輩であった。あくまでも日本固有の国体に準拠すれば、「陛下の赤子」の自由・平等が担保され、民本主義が意義ある思想として立ち現れてくる。それがこの時の朝日の確信であった。

朝日は言う。

> 此の秋《とき》に当つて正邪共に感染し易《やす》き純潔の青年思想は、其の趨向に依《よ》つて洵《まこと》に国家安危の岐《わか》るゝ所、憂国の士たる者は須《すべか》らく之が善導に心を致すべきではあるまいか。然《しか》も全国に亘《わた》つて青年団の新設 夥《おびただ》しきものあるに拘《かかわ》らず、唯徒《ただいたず》らに学事言論の末節にのみ拘泥《こうでい》して、喧躁《けんそう》没動する売名才子のみ多く、堅固なる信念の

> 発露により沈勇果断能《よ》く大事を処するに足る捨身赤誠の士の尠なきは、真に現今の一大痛恨事である。
>
> 吾人は斯の如き趨勢を目睹して憂憤禁ずる能《あた》はず、同志と謀議して茲《ここ》に平民青年党なるものを組織し、以《も》つて既成青年団の羅針盤となり、正義人道の熱叫者と成り、純潔無雑の国士たるべき大抱負を以つて憤起したのである。〔奥野一九二二：二四九―二五〇〕

彼はここで「同志と謀議して」と記しているが、この組織の運営に参画する者はほとんどいなかったと考えられる。彼は、顧問・相談役として憲政会の重鎮・武富時敏《ときとし》や河野広中《ひろなか》など十数人の著名人を挙げているが、彼らがこの平民青年党の活動を行ったという記録は見当たらない。

大日本救世団

平民青年党の活動を思うように展開させられなかった朝日は政治活動に見切りをつけ、宗教生活に入ることを模索し始める。

一九二〇年一〇月。

彼は、日蓮宗・大日本救世団の金子秋江《しゅうこう》の自宅を訪ね、「自分は物質的生活に飽き〳〵したから、今後は宗教界に入って大いに修養を積み、世道人心の為めに裨益《ひえき》し（役立ち）たい」と申し出た〔読売新聞一九二一・九・三〇〕。

同時に陸軍大将の大迫尚敏《おおさこなおとし》を訪問し、「新生涯に入りたいから適当な人を紹介して呉れ」と頼んだ。すると大迫は「非常に結構な事だ」と言って、当時、品川妙満寺の住職を務めていた本多日生《にっしょう》に「何《ど》うぞ立派な人間にしてやって呉れ」と紹介状を書いた。さらに、朝日は頭山満を訪問し、同様の相談をしたところ、彼も同様に本多日生を推薦した。そのため朝日は、紹介状を手に本多のもとを訪ねた〔読売新聞一九二一・九・三〇〕。

本多は朝日の願い出を拒絶した。

朝日は何度も本多のもとを訪問し、「庭掃きでも寺男でもいゝから仏門に入れて呉れ」と涙ながらに懇願した。しかし、本多は彼の言葉を聞き入れようとしなかった。朝日は憤慨し、約一カ月の間、金子の自宅に居候《いそうろう》することとなった。そして、金子が関わる大日本救世団に出入りすることになった。

朝日は、この大日本救世団で、ある男と出会うことになる。

奥野貫。

のちに遺書を託され、『嗚呼朝日平吾』を書くことになる人物である。彼は、賀川豊彦と共に労働争議を闘ったことのある運動家で、朝日とは話題を共有できた。

朝日は奥野と意気投合し、親しい友人となった。

この時、奥野にも人生に迷いが生じていたのであろう。彼も朝日と同様、宗教生活への憧《あこが》れを有していた。

彼らは金子に相談し、大日本救世団幹事の本田仙太郎の紹介で、修行生活を受け入れてくれる寺院を探した。そして、本田からの宿料《しゅくりょう》提供の約束を得て、二人で富士山のふもとの日蓮正宗《にちれんしょうしゅう》・大石寺《たいせきじ》へ修行に行くこととなった。

大石寺へ

一九二〇年一一月五日。

朝日と奥野は大石寺の門をたたいた。彼らは、参道に並ぶ十二僧坊の中の一つ「観《かん》行坊《ぎょうぼう》」に入り、修行生活を始めた。

毎日、学頭などの説教を聞き、夜一二時には本堂での約一時間の勤行《ごんぎょう》に参加すると義務づけられていた。朝日は当初、まじめに修行を行い、後述する「達人館」の構想を立てるなどして寺院関係者と協調していたものの、次第に僧侶《そうりょ》たちの日常の行いに疑問をもち、彼らに対して「冷笑侮蔑《ぶべつ》の態度」をとるようになった。その行動は次第に過激になり、僧侶たちを「面と向つて揶揄《やゆ》、嘲弄《ちょうろう》」した上、「貴様等の様な堕落坊《ぼう》主《ず》に国士の心事が判《わか》つてタマるもンか」と罵倒《ばとう》した［久保一九二二：一〇二―一〇三］。

このような態度に、僧侶たちは冷ややかなまなざしを向けた。両者の反目が激しくなると、常に奥野が間に入って朝日をなだめ諭した。

朝日の横柄《おうへい》な態度は、さらにエスカレートする。

彼ら二人の宿料は、事前には大日本救世団の本田が支払うことになっていたが、一二月に入っても前月分が支払われず、二人への催促が続いた。そのような状況でも、朝日は掃除もせず「傲然《ごうぜん》と構えて居」たので、宿坊内での評判はさらに悪化し、様々な面で冷遇されることとなった［久保一九二二：一〇六］。

ある日、僧侶の一人が朝日に対して「風呂《ふろ》の火を焚《た》いてくれ」と頼むと、「天下の国士を侮辱するも甚しい、怪《け》しからぬ奴だ、その儘《まま》にはして置かぬ」と憤って、暴行に及ぼうとした。これを奥野が「これも修行の一つだ、お互此の山へ来たのは楽をするのが目的では無かつたでは無いか」と説いて、必死でなだめた［久保一九二二：一〇六〕。

朝日は、学頭の土屋日柱《にっちゅう》に訴えた。

我等は元より無資無産ではあるが、然しこれでも天下の憂《うれい》を憂として居る国士です。此の国士たる我輩に対《むか》つて水風呂の水を汲《く》めとは何たる無礼千万な暴言でせう。それもです。道徳堅固の高僧でもあれば兎《と》も角《かく》、我利《がり》一片の破戒坊主たる彼等の口から我等を奴僕《ぬぼく》（下男）扱ひにするに至つては怪《け》しからんこつてす……。

〔奥野一九二二：九三〕

これに対して土屋は、「私などは豪《えら》い人は豪い程、平然として水も汲めば薪《まき》も取るものだらうかと思ふのですがね」と答え、「マアマア朝日さん、あんたも此の山へ来た以上は国士気取を止《よ》してみつしり修行されたらどうですな」と諭した。

朝日は「はヽア、然《そ》うですな」と納得した表情をして無言になったが、部屋を出ると鴨緑江節《おうりょくこうぶし》を口ずさみ、「武士《つわもの》どものの夢のあと」と嘆いた。

朝日の怒りは、簡単にはおさまらなかった。彼の憤りは、本田に向かった。

考へて見ると怪しからぬは本田仙太郎の野郎だ、彼奴《あいつ》は大迫大将をダシに使つて救世団の寄付金を集め、己れは自働車になんど乗廻して金銭を茶屋小屋で振り蒔《ま》きながら、我々が富士山中に単衣《ひとえ》を着て居るのを知りつゝ、顧ぬのみか、当然送るべき義務ある我々の宿料も送らず、之に就ての返事さへもよこさぬとは不埒《ふらち》極まる冷血漢だ。其のくせ彼奴《きゃつ》我々を山によこしたのを吹聴《ふいちょう》し広告の種にして団の費用を誤魔化すつもりだらう。——偽善も偽善、仏を売り、宗を売り、先輩を売り、友を売る憎むべき大偽善者だ。我々を冷遇し虐待《ぎゃくたい》するのは観行坊だが、我々を冷遇し虐待せしめるのは本田仙太郎だ。帰つたら其のまゝにはして置かぬ。
［久保一九二二：一〇七—一〇八］

朝日の怒りと暴走は、とどまるところを知らなかった。最終的には大石寺の管長を「アンな不品行でアンな無学無識の生臭坊主」と罵《ののし》り、門前の酒店で悪態をついた。さらに、彼は寺の付近に住む女性に対して「淫《みだ》らなる態度に出て拒絶され」、「今夜の事を他言してくれるな」と口止めした［久保一九二二：一〇四—一〇九］。

朝日の悪評は、寺の周囲にまで知れ渡るようになった。

結局、朝日と奥野は、一二月三一日の大晦日《おおみそか》に宿坊からの退去を命じられた。彼らは、雪の中、泊まることのできる宿舎を探し、何とか一軒の宿屋に寝床を得た。年明けの瞬間には斎戒《さいかい》の沐浴《もくよく》を行い、本堂で「国家安泰」を祈った。朝食は冷や飯で、二人で哀れな気分を味わった。

翌二日、彼らは下山し、大石寺での修行生活を放棄した。

彼はここで奥野と別れ、一人、東京へと帰っていった。

達人館

大石寺での修行をはじめたばかりの頃、朝日は、一つの事業計画を立て文書にまとめていた。

——「達人館」の創設。

朝日は考えた。

世の中には才能がありながら、適切な場所を与えられず、埋もれてしまっている人がいる。能力も勇気もありながら、その才知が開花していない人が、大勢存在する。そんな彼らに適切な指導の場所と余裕を与えれば、国家への貢献を果たす有力な人物となって巣立っていくだろう。

このような構想から、朝日は人材育成の場を大石寺に作り、自ら道場主任となることを目指した。自分こそが埋もれた人材を指導し、彼らを正しい道へと導くべき存在だと認識していたのだ。

> 若《も》し夫《そ》れ真の義人があつて、彼等を遇するに涙を以《も》つてし、宗教的の信念を与へ、思索反省の余裕を与へたならば、外道《げどう》に堕《お》ちんとして居る者を菩薩《ぼさつ》の道に入らしめ、勇躍一番、君国の憂患に殉じ、世人の積悶を救ふ大道士、濁世《じょくせ》を洗浄する義人たらしめることが出来るのであらう。況《いわ》んや古来思想界を悪化せしめた連中は、概《おおむ》ね正義を絶叫した為めに、却《かえ》つて小人共の奸策《かんさく》にかゝり、心にも無い不遇に沈淪《ちんりん》して本心と正反対の行路に迷ひ入つた、無資産有識者の英才に多いのである。〔奥野一九二二：二五三〕

ではなぜ、朝日はそのようなことを思いつき、自らが指導者としてふさわしいと考えるに至ったのか。

それは、彼自身のこれまでの体験に由来するという。

予は幼時より極めて薄幸、或は貧のために糊口《ここう》に没頭して、鳳志《ほうし》は天下に在りと雖《いえど》も、身は苦境に置かれ、悪戦苦闘、流離転肺、転《うた》た人生の果敢《はか》なさを悲しんで来たのである。遂《つい》には強度の神経衰弱症に侵されたが、然かも医薬の料無く、静養すれば食を絶つてたゞ死を待つより外は無い。悲痛憂悶寂々《じゃくじゃく》たること数年、過去を顧み行末を思ふて、熱涙潜然として頬を伝ふたことも屡々《しばしば》であつた。［奥野一九二二：二五四］

自分は子供の頃から幸が薄く、生計を立てるのに精一杯で悪戦苦闘してきた。大志があるにもかかわらず、それを果たすことができない悲しみを味わってきた。時には「神経衰弱」になり、「悲痛憂悶」の日々を送ってきた。

そんな自分だからこそ、この事業を率いる意味がある。それが朝日の強い思いだった。

予と同じ境遇に泣き、予と同じ希望に憧れた人々を救ふたならば、必ずや達人を玉成して国家社会に貢献することが出来るであらうと信ずるやうになつた。［奥野一九二二：二五五］

朝日の構想では、メンバーは日蓮の教えを体得し、来館者に対して「日蓮主義を鼓吹すること」を義務とした。また、メンバーの中で「僧侶として広宣流布《るふ》の任に当らんと欲する者」は、「宗学の研究布教師に比して遜色《そんしょく》なきに至つたならば、学頭に依つて試験し、本人任意の土地に行きて布教させ、其の人格と手腕とに依つて新寺を開拓させて住職となすこと」とした［奥野一九二二：二五八］。朝日は、大石寺に入山してわずか一カ月弱で、自らを日蓮主義の指導者と位置づけ、修行道場を開設しようとしたのである。

彼は、詳細な事業計画を作成し、予算を立てた。そして、いずれ道場主である自らが東京に本部を開設して資金調達と雑誌経営を行い、大石寺では奥野が現場の主任として道場を運営していくという構想を練った。

この計画に賛同し、資金を提供する者は、またしても皆無だった。

当初は、朝日の構想に一定程度、耳を傾けていた大石寺の僧侶たちも、次第に彼の横柄な態度に愛想を尽かし、距離をとるようになってゆく。各所に送った案内に対しても、反応はほとんどなかった。当然、開所のための資金は集まらず、道場入りを希望する若者も現れなかった。

彼の思いに共鳴する者は、もはや、奥野しかいなかった。そして、友人といえる人間も、奥野しかいなかった。

しかし、そんな奥野とも、大石寺を去ることによって、離れることとなった。

一九二一年一月。

朝日の孤独は、加速する。

神道館龍生淵と忠愛新聞

東京に戻った朝日は、立憲国民党の前代議士・大内暢三《ちょうぞう》を訪ねた。

大内は、若き日に近衛篤麿《あつまろ》の側近として東亜同文会に所属し、のちに衆議院議員となって普通選挙法の制定などに力を尽くした人物である。彼の旧宅は、福岡県八女《やめ》市の立花町に現存し、一般公開されている。

大内が朝日と出会ったのは一九一九年に奉天を訪問した際で、朝日が宿泊先を調べて訪ねたのだという。さらに、翌年に再び京城で出会い、その後、日本でも接触する機会があった。

大内は朝日に対して、会うたびに「早く浪人生活から脱せよ」と説いたという。この時、訪ねてきた朝日は、大内に対して「宗教家として活動したい」と語った。大内は、雑誌『神風』や『忠愛新聞』を刊行する神風会の宮井鐘次《かねじ》郎《ろう》を紹介し、宮井の運営する小石川区西江戸川町（現在の文京区水道）の「神道《しんとう》館龍生淵」に居候させる手はずを整えた。

大内は、この頃の朝日の様子を次のように述べている。

> 自分達がこんなに働いて居るのに、アの富豪のざまは何《ど》うだ等と云つて居たが、常に小心者であつた為めに、自身の弱きを隠す為めに、常に虚勢を張つて居た。
> 〔福岡日日新聞一九二一・九・三〇〕

> 朝日は物に激し易《やす》い性質で小心者であつた。〔東京朝日新聞一九二一・九・二九〕

朝日は、宮井のもと、『忠愛新聞』の編集を手伝うことになった。

ここでも彼は問題を起こした。連日、酒を呑《の》み、自慢話と不平不満を叫んで、周囲を辟易《へきえき》させた。

宮井の評価は低い。

一時富士の大石寺へ行つて大分一身上の方向転換を試みたが、持つて生れた不平は悟り兼ねたと見え、其後も何事にまれ不平を叫び、大言壮語してゐた。しかし、善人では無いが普通の浪人者で、大した悪人でも無いと思つてゐた。「読売新聞一九二一・九・二九」

性質は淡白剽悍《ひょうかん》（荒々しく）で、酒を飲みよく腹を立てる。（中略）一種の不平家で社会主義にならずに妙な方に外《そ》れたのである。「東京日日新聞一九二一・九・二九」

朝日は、常に懐《ふところ》に匕首《あいくち》を忍ばせ、「何かと云へばそれを出す癖があり、二言目には腹を切る〳〵と云」った。そのため、「心ある者には嘲《あざけ》られてゐた」「読売新聞一九二一・九・二九」。

朝日の話に真剣に耳を傾ける人間は、もはや、世界のどこにも存在しなかった。彼は、周囲から嘲笑され、疎《うと》んじられていた。

神州義団

朝日は、また新たな構想を練る。

――「神州義団」。

二カ月前には、日蓮宗の教えを指導・教化するための「達人館」を組織しようとしたが、今度は神道をもとに無智無学な労働者を「善化」するための組織を設立しようとした。

朝日は再び語り出す。

　無智なる労働者が危険的色彩を帯びんとする事は、国家の為め素《もと》より憂患に相違ありませんが、彼等は頭が単順な丈《だ》けに自分の生計さへ安置を得れば、忘れたやうに善化し得る可能性があります。〔奥野一九二二：二六〇〕

「無智なる労働者」が反政府的「危険」思想に傾斜する現状は、極めて憂慮すべき事態である。このような傾向に歯止めをかけるには、まず彼らの生活の基盤を整える必要がある。「頭が単順な」彼等は、生計を安定させれば、簡単に「善化」させることができる。

朝日のまなざしは、自らが世の中に承認されない不満と同根の強烈な優越感に支配されている。常に自らを指導者として立つべき者であると見なし、「無智」な大衆を「善化」する啓蒙的な存在としての自負心を表明し続ける。彼の強烈な自尊心は、その鬱屈の深さと比例する形で肥大化する。

自分を認めない世界への不満は、一般人への蔑視へとつながっている。

――自分ほどの国士が、なぜにこれほど低く扱われなければならないのか。なぜ世の人間は、大志と知力をあわせ持つ自分を高く評価しないのか。

そんな苛立《いらだ》ちと焦慮は、自己の内的反省へと向かわず、世の中のあらゆる人間に対する嘲弄へと発展していった。

朝日は、続けて言う。

危険思想に流れる無知な労働者を適正な方向へと指導しようとする人々は、おおむね上流階級の人間であるため、貧困にあえぐ大衆の「心理状態」を「理解する頭」がない。そのため、対策が一時的な物資の支援になってしまう傾向がある。一方、上流階級の指導者たちの施策は極めて「浅薄」で、「稚戯《ちぎ》に類する妄見」でしかない。彼らに事業を任せていては、的確な処置が行えない。

――だから、私に任せろ。

朝日は、そう訴える。

自分こそ、危険思想に流れそうになる労働者の気持ちを汲み取ることができる人間である。上流階級の人間には理解できない労働者たちの実態を、経験的に把握してきた人間である。そんな私でなければ、無知な大衆の的確な指導は行えない。

朝日は、自らの過去を振り返って、次のように訴える。

> 私は学窓から実社会に這入《はい》つた以来、剛直なるため、却《かえ》つて奸者《かんじや》に中傷せられ、侮辱せられ、迫害せられ、生活の脅威を受けた為め、人生に対し深刻な疑惑と絶望とを感じ、遂に総《すべ》てを否定するやうになり、今一歩で危険分子に落ちんとしました（後略）。〔奥野一九二二：二六二〕

彼はここで、自分の人生が、一貫して心の曲がった邪《よこしま》な人間に「中傷」され、「侮辱」され、「迫害」されてきたという被害者としての認識を強く示している。そのような「奸者」による不当な扱いによって生活の基盤が危うくなり、絶望的な境地に追い込まれたと主張している。そして、その反動として、世の中のすべてを否定する「危険分子」になりかかったと述べている。

彼の意識は、決して内省へとは向かわない。常に自分を「中傷」「侮蔑」「迫害」する邪悪な人間が存在し、彼らの悪意によって貶《おとし》められ続けてきたという怨念に支配されている。

しかし、と朝日は言う。

自分は、そのような過酷な状況におかれても、「危険分子」にはならずに済んだ。

それは、なぜか。

> 以前から神祇《じんぎ》道を研究し、信仰して居た賜《たまもの》として、名利を超越した所の精神的光明界に突入する事を得たのみならず、根強い愛国心と之に伴ふ犠牲心より発する勇猛心とを得ました。〔奥野一九二二：二六二〕

つまり、自分は以前から神道を信仰し、強い愛国心と犠牲の精神、そして勇敢な心を有していたから、「危険分子」にならずに済んだというのである。

朝日はさらに言う。

労働者を「善化」するためには、神道を鼓吹するしかない。

> 悪化しかけた者を救済するには、宗教的信仰に入らしむるのが最上と考へます

が、然し吾国体と没交渉な宗教や国家を危くする宗教もありますから、皇室の尊厳と建国の大精神とを之より生れる愛国心と犠牲心とを自発せしめるには、日本開国以来の国教たる神祇道があるのみであります。〔奥野一九二二：二六二―二六三〕

しかしながら、彼の見るところ、神官たちは、重要な役割を担《にな》いきれていない。無智な労働者を正しい道に導くには、愛国心と犠牲心の源泉たる神道の教えを広めなければならないにもかかわらず、そのような教化が充分になされているとは言いがたい。「斯《かか》る無二の教《おしえ》があり、之を宣伝することは目下の急務であるにも拘はらず、斯道《しどう》に通ぜる神官は宣伝を許されて居ないのは、何よりも遺憾」である。

重ねて言う。彼らが積極的な神道の教化を担うことができないのであれば、自分がその任を担うしかない。だからこそ、これまで「失意者を心機一転させ、之に神祇道を鼓吹して、強い宣伝家を組織せんものと非常に苦心」してきた。自分は、「後半生」を「身を捨てゝ」事業に捧《ささ》げるという決心をした。

そう考えていたところ、神風会の宮井鐘次郎と出会った。神道界の思想的リーダーと目される人物と出会い、団体に加わることができた。

この神風会の組織と機関紙を基にして、無智な労働者の「精神的感化」を行う人材育成のための組織を設立する――。

これが、朝日の立てた「神州義団」のプランだった。

彼は、この組織の五カ条として、次の文章を掲げる。

第一、腹式呼吸を励行せしめて、信念を確立させること。
第二、神祇道を鼓吹し、人格の自覚をさせること。
第三、神祇道を鼓吹して敬神尊王及び愛国心を自発させること。
第四、前記の二と三とに依つて人格を転換させた結果は、期せずして愛国的犠牲心と之に倶《ともな》ふ捨身《しゃしん》赤誠の大勇猛心を湧出《ゆうしゅつ》させることが出来ること。
第五、前記の心境に達することが出来たならば、犠牲的国家奉仕として全国に神祇道を宣伝させること。（読み易さのため改行を施し、一部助詞を省いた――引用者）［奥野一九二二：二六四］

この五カ条に従い、メンバーは三カ月の養成期間のうちに神道の概念を修得して、各地を遊説《ゆうぜい》し、神官と連携して神道精神を鼓吹することを構想した。

しかし、この事業計画も、賛同者を得ることはなかった。

極端にプライドが高く、大言壮語を繰り返す一方で、日常の行いはまったく伴っていない。その一方で、自分が企画する事業がうまく行かないのは、周りの人間が邪悪だからだと罵り、悪口雑言を並べる。当然ながら、周囲からの共感は得られず、白眼視され、忌避された。彼を慕う者は、どこに行っても現れなかった。

彼は酒を呑み、不平不満ばかりを叫んで周りを困らせた。そして、さらなる鬱屈をためこんだ。

結局、龍生淵から追い出され、宮井からも見放された。

龍生淵を後にした朝日平吾は、行くあてを失い、さまよった。彼は、新宿方面や浅草周辺を転々とする寄る辺なき生活に追い込まれてゆく。

労働ホテル

朝日は、大石寺で達人館の計画を立てるにあたって、次のように述べていた。

> 華かな社会奉仕は俗人の好むところである。一時的の救済事業は、大方の賛するところである。されど、予は敢《あえ》て戯《たわむれ》の善事を望まぬ。況《ま》してや不徹底の救済事

業は、却つて弱者を堕落せしめ、世の向上を阻害することを知つて居る身である。
［奥野一九二二：二五六］

貧民の救済事業は「俗人の好む」もので、自分はそのような「戯の善事」など望んでいない。むしろ不徹底な事業は、弱者の堕落を招くだけで、よくない。

そう断言した。

朝日はこの言葉から半年もたたない一九二一年春ごろ、大規模の貧民救済事業を自ら企画した。

――「労働ホテル」。

山谷《さんや》の下層労働者たちに対して、安価で泊まることのできる宿泊施設の設置が急務であるとして、膨大な建設費の出資を裕福な経済人たちに要求して回ったのである。

朝日は言う。

> 東京市府に於ける社会事業の大勢を観《み》るに、其の最も振《ふる》はないのは細民《さいみん》（貧民）合宿所事業であつて、各慈善団体の経営に係る無料及低廉《ていれん》宿泊所十ヶ所の収容力は、僅々《きんきん》八百五十名に過ぎないのであるから、残余の約二万九千名に達する

> 無宿者は、平均四十銭の宿泊料を支払つて、営利的の木賃宿に宿泊して居るのである。
> 然《し》かも彼等細民の日収は、平均一日一円五十銭であつて、此中《このうち》から日々四十銭の宿泊料を支払ふのは、彼等としては非常な苦痛であらねばならぬ。故《ゆえ》に彼等をして生活を安易ならしむ可《べ》く、低廉宿泊所を増設することは実に社会事業中の急務である。［奥野一九二二：二六七—二六八］

朝日は、このような認識から、南千住の貸座敷跡に一泊一五銭で宿泊できる施設の建設構想を練った。ここでは、宿泊者を「客扱ひ主義」でもてなし、「屈辱的不快を与へざらしむ」ことを志向した。さらに、就職口の紹介を進んで行い、彼らからの相談には的確に応じ、「煩悶を解決」、「自暴自棄に陥らしめざる」よう留意することを謳《うた》った。また、娯楽を充実させ、「立志小説を備へて発憤を促し、宗教叢書《そうしょ》により人格の自覚をなさしめ、新聞雑誌により社会的智識を与へ、時々名士の精神講話を請《こ》ふて日本国民としての自覚をなさしむ」ることを構想した［奥野一九二二：二六九—二七〇］。

朝日の考えでは、このような事業に、裕福な経済人は資金提供をする必要がある。

彼らは「自覚的責任」に基づく「出資」を行うべきであり、それによって「国家社会に奉仕」しなければならない［奥野一九二二：二六六―二六七］。

> 現今、富者に対する反感は、日に日に旺《さかん》ならんとする傾向があるのは、洵《まこと》に憂《うれ》ふべき現象であつて、其の極端に走らんか階級の争闘となり、国家の衰退となり、果ては国体の根底までも破壊せしむるの惧《おそ》れが無いとは云はれぬ。
> 斯は之れ物質偏重の余弊であつて、世の多くの富者が大我《たいが》に生きると云ふ大なる幸福を求めず、小我に生きる小さな幸福をのみ享有せんとする為である。［奥野一九二二：二六六］

朝日の目に映った富者は、「大我」を捨て、「小我」に生きる利己的な存在であった。朝日は左のような図を作成し、労働ホテルの趣意書の表紙裏に掲げているが、彼の認識では、大半の「富者」は「小我世界」に陥っており、「亡国修羅」を生み出す要因となっている［奥野一九二二：二七一］。

ここで注目すべきは、朝日が仏教のタームを自己の思想の枠組みとして盛んに援用していることである。彼は、仏教的弁証法である「即」の論理を多用し、「国利即自利」「社会利即自利」「同胞即自己」「人即仏」「労力即仏力」「労資即一如」といったスローガンを掲げている。また、「忠君愛国」「民族繁昌」などを挙げており、この頃の彼が、仏教的「不二《ふに》の即」（対立する別のものに見える事柄も、本質においては対立がなく一つであること）によって、自己と国家、同胞、仏が一体化するあり方を志向していたことがわかる。

また、朝日がネガティブな世界のあり方として、「労働者専制」「階級戦争」を掲げていることも注目に値する。彼は、マルクス主義に基づくプロレタリア独裁を否定し、階級闘争を「国家衰退」の要因と捉《とら》えている。彼にとっては、「労資」が仏教的「即」の論理によって一体化され、「上下和合」「国利即自利」の「民族繁昌」が成立することこそ、理想の世界像であった。

奥野へ

孤立していた朝日は、この頃、頻繁に奥野へ手紙を書いている。大石寺で別れた後、奥野は福島県に滞在していたが、彼も一人、陰鬱な心を抱えこんでいた。

朝日にとって、奥野は唯一《ゆいいつ》の友人であった。そんな奥野に対して、彼はエールを送りつつ、叱咤する。

　毎度の御文意により、兄《けい》の苦衷、真に同情に堪へず候。然し三十幾歳の今日、尚《な》ほ且《か》つ斯の如き制肘《せいちゅう》に甘んぜざるべからざるは、兄に自主的観念の乏しきがためにて、遺憾此の上なし。古来、幾多の英雄は、其の理智よりも勇気に富みし者のみ、兄の理智には敬服の外なきも、然かも斯くの如く無気力なる態度ありては、大正の革新を実行せざるべからざる吾人の立場として果して其の資格ありや甚だ心細き感之れ有り候。［奥野一九二一：二一三］

この当時、奥野がどのような理由で福島に滞在していたのかは判然としない。しかし、別の手紙の中に「御母堂様へも宜《よろ》しく御鳳声《ほうせい》（御伝言）下されたく候」など、頻繁に奥野の母についての記述が出てくることから、奥野の実家が福島にあり、このときは母のもとへ里帰りしていたと見るのが妥当であろう。ちなみに当時の西信寺住職・中村廣道の言葉の中に「東北人の奥野さん」という記述があることから、彼が東北生まれであることは間違いない。また、朝日の手紙からは、奥野は母への孝行と自らの人生の行く末について苦慮していた様子がうかがえる。

周囲との軋轢《あつれき》を起こしつつも、次々に事業を構想する朝日にとって、奥野の煮え切らない様子は、苛立ちの対象だった。朝日は奥野の状態を「無気力」と非難し、「自主的観念」が乏しいと直言した。そして、そのような態度では「大正の革新」を成し遂げることはできないとけしかける。

そんな厳しい言葉とは裏腹に、朝日は奥野に会いたかった。彼が東京に出てきて、自分の事業の手足となってくれることを強く望んでいた。

一九二一年五月一日。

日本で第二回のメーデーが東京、大阪、足尾で大々的に開催された日に、朝日は奥野に対して上京を促す手紙を書いた。

> 未《いま》だ兄も生きて居るそうな。其れでよか〳〵。金が千疋《せんびき》ばかり欲しいとか、天下の囲《まわ》り物じゃ。山の中で空想ゑがいて居ても出来ぬとさ。……夫《そ》れとも僕が遊び旁《かたがた》に相談に行こか。どうだい。
>
> （中略）君の名文も読んだ。敬服したと云ひたいが、あれ丈《だ》けでは真実味を感じ

なかつたよ。あんな事書く暇《ひま》に出京しては何《ど》うだ。君が来るか僕が行くか、兎に角、逢つたらまた、吉い智恵も出でよう。どんなもんぢやい。〔奥野一九二一：二一五―二一六〕

これは朝日の書いたものの中で、際立《きわだ》ってフランクな文面である。ここで朝日は、あえて「出来ぬとさ」や「どんなもんぢやい」といった口語表現を使っている。この文面からは、彼の奥野に対する強い親しみの感情がわかるのと同時に、周囲から孤立する中で、唯一、自らを承認してくれる奥野への切ないまでの思慕の念がうかがえる。

とにかく、朝日は奥野に会いたかった。以前のように、奥野とひざを突き合わせて、語り合いたかった。

奥野は、朝日が大石寺で傍若無人な態度をとっても、決して見放さなかった。常に朝日をなだめ、彼の話に耳を傾け続けた。朝日の言行が原因で宿坊を追い出されても、共に宿を探し、元日の朝、共に冷や飯を食べてくれた。

朝日にとって、自己の存在を承認してくれる他者は、奥野以外に存在しなかった。彼は頻繁に奥野へ手紙を書き、叱咤《しった》の言葉と共に、上京を促し続けた。奥野いわく、この頃の朝日は「常に愛に渇して居た」〔奥野一九二二：二四二〕。

ともかく、度重なる事業計画の失敗によって、朝日は一人苦悶していた。

自らの事業が成就しないのは、自分を陥《おとしい》れる邪心を持った人間が存在するからだと主張し続けていた彼だったが、このときは奥野に対して内省的な文章を書いて送ったりもしている。

> 小生は目下、金魚のやうな生活中、借問す（試しに問うてみる）。虚偽で虚偽を征服するは、果して罪悪なりや否《いな》や。己《おの》れを保全するは、生物の権利に候へば……。〔奥野一九二二：二一六〕

朝日はここで「虚偽」を「虚偽」によって乗り越えるのは「罪悪」なのだろうかと問い、自己保全の行為は、「生物の権利」ではないかと述べている。

このときの朝日の「虚偽」が、どのような行為をさしているのかは、具体的にはわからない。ただ、彼が自己保身のために「虚偽」を重ねたという自己認識をもち、その行為に対する煩悶《はんもん》が生じていたことは間違いないだろう。

朝日は追い込まれていた。

事業が成功する見込みは立たず、悩みを聞いてくれる友人も近くにいない。

彼の実存を支える底の部分が、本格的に抜けていった。

光明

そんな朝日に、一筋の光明が差し込む出来事が起きた。「労働ホテル」の計画に資金を提供してくれる経済界の大物が登場したのである。

渋沢栄一。

五月中ごろ、朝日は東奔西走の結果、衆議院書記官長・寺田栄に渋沢宛《あて》の紹介状を書いてもらい、それを手に渋沢邸へと向かった。

渋沢の邸宅は、王子の飛鳥山《あすかやま》公園に隣接して建っていた。現在、その建物は「晩香《ばんこう》廬《ろ》」と「青淵《せいえん》文庫」として残っており、重要文化財に指定されている。庭園の一部も現存し、敷地内に建てられた渋沢史料館と共に公開されている。

朝日は早朝に勇んで訪問した。渋沢からは当然のように面会を拒絶された。

しかし、彼もこれだけではあきらめない。翌日もさらにその翌日も、彼は渋沢邸に通い続けた。

そしてある日の朝、ついに朝日は応接室に通され、面会することがかなった。彼は渋沢を前に「労働ホテル」の趣旨を説き、創立費の援助と有力な資本家の紹介を懇願した。

当初、渋沢は朝日の訴えに難色を示した。これに対し、朝日はこの事業に命をささげる覚悟であることを示すために、前述の通り、自らが青島戦の戦闘に加わったときの体験談を語った。一説によると、このとき朝日は刃物を取り出し、その場で腹を切るそぶりを見せて、渋沢に要求を突きつけたとされているが、朝日から直接、詳細な話を聞いた奥野は、この説を否定している〔奥野一九二二：二四二〕。

ともあれ、朝日の決死の訴えに動かされた渋沢は、その場で資金の提供を行う約束を交わし、何名かの知り合いの有力者を彼に紹介してくれた。

朝日にとって、企画・立案した事業の具体化に、はじめて可能性が見えた瞬間だった。

さらに、朝日にとっては心躍る知らせが届いた。東京での仕事が決まり、友人の奥野が近日中に上京する予定であるという。

朝日は、早速、手紙を書いた。

就職口決定、近日出京との由《よし》、先《まず》は安心致候。小生の事業も愈々《いよいよ》本物と相成り。目下、趣意書印刷やらフロックコートの注文やらで多忙を極め居り候。渋沢子《し》（子爵）より各富豪へ懇切なる紹介状を呉れ、尚《な》ほ協調会理事永井博士、前田市助役、山縣《やまがた》府社会課長の三氏は新たに相談役と決定致されて候。「奥野一九二一・二一七」

約一カ月前の手紙の文面とは異なり、朝日が希望を持って活動している様子を見て取ることができる。

朝日は、続ける。

他は会見にゆづり候が、実際から云へば、兄も小生の女房役となりて、お互に奮闘せらるるが前途のために宜しかるべし。然《しか》も、確実に実験も出来、経営も出来る事と相成るべく、殊《こと》に渋沢子の力強き後援有之《これあ》る事に候（後略）。軍資金は豊富に集め得る自信あり。先《ま》づ渋沢子より即時金として五百円、不日（近いうちに）、受取る事になり居れり。兎に角、二万円の基金募集も七月中頃迄には出来る成算に候。少しも早く来《きた》れ（後略）。「奥野一九二一・二一七―二一八」

彼は奥野に対して、自分の女房役となって「労働ホテル」の事業を進めるのが「前途のために宜しかるべし」と勧めている。さらに渋沢からの援助があることを再度強調し、奥野にとっても「実験」や「経営」ができるチャンスであると説いている。

朝日は自信をみなぎらせていた。今度こそ、事業を成功させる見通しが立ったと確信し、活発な活動を展開し始めた。

五月末。

奥野は母をつれて、上京した。朝日は上野駅のプラットホームで奥野を待ちかまえ、顔を見るや否や、懐《なつか》しそうに握手した。

そんな彼に、更なる嬉《うれ》しい出来事が起こる。

彼と生活を共にする女性が現れたのである。

大場静枝、どのような女性であったかは記録に残されていない。

一九二一年六月一日。

彼は、二人の愛の巣と「労働ホテル」設立のための事務所を構えるべく、本郷の下宿・西濃館に引っ越した。

彼は、この日の日記に次のように記している。

労働ホテル設置運動中の事務所とする目的を以《も》つて、東京市本郷区駒込追分町二の西濃館の一室を貸りて止宿した。此の日、前約ありし大場静枝と同棲、生れてこゝに三十二年、初めて家庭的空気に浴し、唯《ただ》何となく妙な気がすること夥《おびただ》し。

［奥野一九二二：二二三］

朝日の心は躍っていた。生まれて以来ほとんど味わったことのない「家庭的空気」に、いつにない充実感を感じていた。彼は、自分の所持品をすべてノートに書き出し、「これから毎日、ボツ〳〵世帯道具を購《あがな》ふことを要す」と述べ、気持ちを高揚させていた［奥野一九二二：二二三］。

奥野いわく、この頃が「朝日君の最も全盛なりし時代」であった［奥野一九二二：二一七］。

孤独と挫折

幸せの絶頂を迎えた朝日であったが、この生活も長くは続かなかった。

約一週間後、同棲相手の大場が、彼のもとを去ってしまったのである。

「家庭的空気」は一気に消え去り、がらんどうの部屋が目の前に広がった。朝日は再び孤独の身となった。

六月一四日。

彼は、奥野に対して手紙を書き、自らの孤独の胸中を吐露している。

> 小生とても東京に一名の親類もなく、深き知人も泣いて語る友人もなき孤独の身にして、兄と袂別せし後の苦心は、筆紙に述べ難きもの有之候《これありそうろう》。〔奥野一九二二・二・二四〕

しかし、朝日にはまだ希望が残っていた。「労働ホテル」の建設実現こそ、彼の自尊心と生きる望みを支える柱であった。

　されど、不自惜身命《ふじしゃくしんみょう》の信念と大自我的論評とは、遂に渋沢子、武富時敏氏、其他の諸先輩を動かすに至りし事実もあり（後略）。〔奥野一九二二：二一四〕

彼は、引き続き経済界の有力者を訪ね歩いた。

大倉喜八郎、浅野総一郎、古河虎之助、山下亀三郎……。

錚々《そうそう》たる財界人を訪問したが、うまくいかなかった。

訪問先では「素気無《すげな》く門前払ひを食はせられたり、逢つても色眼鏡で見られたり、碌《ろく》な挨拶《あいさつ》をされなかつたり、甚しきは乞食同様の取扱を受けたり」した。中でも浅野セメントを一代で築いた浅野総一郎の態度には憤慨し、「全く煮ても焼いても食へぬ奴とはあれのこつた」と罵った〔奥野一九二二：二四五―二四七〕。

それでも、朝日はめげなかった。

七月に入って、彼は渋沢から改めて紹介された森村銀行の森村開作と面会し、資金の提供を求めた。事業計画に賛同した森村は部下に命じ、朝日に千円を手渡した。

それでも目標額の二万円には遠く及ばなかった。

資金調達の見込みが立たず、有力な財界人との面会の機会は得られず、次第に朝日は追い込まれていった。この頃、朝日から資金提供の要請を受けた山下合名会社の総務部長は、次のように語っている。

> 渋沢子爵の紹介状を以て、屢々《しばしば》訪ねて来ては無心を云ふが、其の都度、私は断つた。常に脅迫的な態度で凄文句を並べ、今にも斬掛《きりかか》るやうな風をしたりした。
> ［読売新聞一九二一・九・三〇］

　財界人からは、もはやこれ以上の資金提供が見込めないと判断した朝日は、八月二日、逓信《ていしん》省簡易保険局を訪れ、「労働ホテルを建設するから、簡易保険積立金二万円ばかり貸して貰《もら》い度《た》い」と訴えた。彼は「元来世の富豪どもが、話がわかれば此処《ここ》まで来ないのだが……」と語り、一方的に憤慨したという。これに対して積立金運用課長が「当局は正式の規定に基き、七名からなる組合で申込まなければ駄目である」と答え、納得するまで諭したところ、彼は「頗《すこぶ》る落胆した様子で、引下つた」［福岡日日新聞一九二一・九・三〇］。

　もう、朝日に打つ手はなかった。

　彼は度々、渋沢のもとを訪れ、「無茶なことを申し出て困らせた」という。

彼は渋沢に対して「急場の助け船を出してくれはしまいか」と淡い期待をもっていた。しかし、上京した奥野は、朝日の甘えから生じる邪《よこしま》な感情を見抜き、「雲助《くもすけ》根性（人の弱みにつけ込んでゆすりをする卑《いや》しい根性）を出すな」と罵倒《ばとう》した。朝日は、「そうか悪るかつたなア」と言って口をつぐみ、以降、「労働ホテル」の計画を放棄した〔奥野一九二二：二四三〕。

「労働ホテル」実現の見込みは、完全になくなった。更に、これまで叱咤してきた友人に、逆に厳しく怒罵された。失敗を繰り返してきた朝日だったが、この時ばかりは、失意のどん底に陥った。次の新しい事業を立ち上げる気力を失っていた。

これまでの事業とは異なり、「労働ホテル」計画は、渋沢栄一という大物経済人を動かすまで進展した希望のもてる事業だった。一時は、同棲相手まで現れ、家庭的な幸福も味わった。

しかし、事業は破綻《はたん》し、恋人は去っていった。

朝日は、前述の通り、四年前の一九一七年に「憂国の青年は、美しい犠牲者となつて笑つて死地を踏まねばならぬ」と述べ、意志的な死を賛美していた〔朝日一九一七：四四〕。事業がことごとく八方塞《ふさ》がりとなるなか、存在を証明する手段をもはや自らの死に見出《みいだ》すしかなくなっていた。

朝日の希望は、テロの実行という形しか残されていなかった。そして、それが彼にとって「自分自身であること」への執着の最後の表現だった。

彼の意識は、自らの命を捨てることによって、自己であることを貫徹するという転倒した方向へと傾斜していった。アイデンティティに根差すその欲望は、単なる自殺などでは決して満たされるものではなかった。それは朝日にとって、高い社会性を帯びた死でなければならなかった。その死が、最後の成功した事業計画とならなければ、彼の承認願望は充足されるべくもなかった。

世に認知されない自殺は、彼にとって許されないことだった。

「希望は、テロ」。

朝日の表面的な要求は、格差解消のための経済的再分配であり、その主張は既得権益勢力に対する痛烈な批判であったが、その本質は、自己の実存的欲求にこそあった。――屈辱を味わうことなく、自尊心が満たされる生を送りたい。そのためには、社会にインパクトを与える死を選ばなければならない。

それが、朝日の自己であることへの欲望の最終的な形であった。

夏の盛りの東京。

彼は一人、床《とこ》に伏して鬱屈《うっくつ》していた。そして、テロリズムの具体的なプランを練っていった。

「安田善次郎刺殺事件」の発生は、一カ月後に迫っていた。

第五章　暗　殺

西濃館

　東大前の住宅地・本郷。
樋口一葉《いちよう》、坪内逍遥《しょうよう》、森鷗外、二葉亭四迷、幸田露伴《ろはん》、夏目漱石、石川啄木、宮沢賢治など錚々《そうそう》たる文学者が居を構えたことから、現在でも文芸の香りが漂う町として人気がある。路地には古い石畳が残り、路上にはみ出したプランターから、色とりどりの花が顔を出す。休日には、情緒ある街並みを散策する中高年の姿が目立ち、その足元を猫がすり抜ける。

　東京メトロ南北線の「東大前」駅を出ると、駅の南東方向に東京大学の農学部キャンパスが見える。ここはかつて一高（旧制第一高等学校）があった場所で、一九三五年には、それまで駒場にあった農学部との敷地交換を行った。

　駅出口のすぐ前には文京学院大学がある。この大学の前身は島田裁縫伝習所（後の本郷女学院）で、女性の自立を目指した教育者・島田依史子《いしこ》が一九二四年に建学した。当時、この一帯は駒込追分町と呼ばれていたが、現在は向丘という地名に変わっている。

大正期の駒込追分町は、間口の狭い住宅がひしめく地域だった。そこに混在する形で、いくつかの下宿屋が建っていた。夏目漱石の『三四郎』には、主人公の下宿が描かれているが、この場所は駒込追分町に設定されている。

朝日が一九二一年六月一日以降に居を構えた西濃館は、そのような下宿屋の一つだった。

西濃館があった場所は、現在の文京学院大学のキャンパス敷地内にあたり、当時の面影は残されていない。

本郷には、このような下宿屋・旅館が集中していた。その多くは岐阜県西濃地域出身者によって担《にな》われ、同郷ネットワークによる相互扶助が経営を安定させていたという〔堀江他二〇〇二〕。同地出身の先駆者が下宿屋・旅館経営に成功し、それに連鎖して上京した同地の人々がそのノウハウを継承しながら新規開業を進めていったためで、いわゆる「チェーン・マイグレーション」（連鎖移住）の典型的な形であった。中でもその親族集団の一つである羽根田家が運営した「菊富士ホテル」には谷崎潤一郎、尾崎士郎、坂口安吾、宇野千代、竹久夢二などの文学者・芸術家が止宿し、多くの名作が生み出されたことで知られる。

朝日が移り住んだ西濃館は、その名が示すように、岐阜県西濃地域の出身者が経営する下宿で、主人は内堀桑次郎という人物であった。

彼は、西濃館の三階十番という部屋に住み、家賃は月四〇円だった。

広さは六畳。

当時の下宿の約八割が六畳もしくは四畳半であったことから、大正期の典型的な間取りの部屋ということができるだろう。

この頃は、多くの下宿屋が賄《まかな》い付きで、女中が食事の支度をしたという。便所や炊事場、流しは共同で、各部屋には押入れが付いていた。詳しい史料は未見だが、おそらく西濃館の生活環境も同様のものだったと推察される。

「労働ホテル」失敗後の朝日は、この六畳間にこもり、独り苛立《いらだ》っていた。

友人の奥野は、上京後、城東電気軌道の水神森停留所（現在の亀戸駅付近）にほど近い菅野護謨《ゴム》工業会社に就職し、仕事の傍ら下層労働者のための食堂「亀戸倶楽部《クラブ》」などの運営に携わっていた。朝日は時折、奥野を呼び出し、六畳間で語り合ったが、多忙を極める彼と頻繁に会うことは難しかった。

奥野は地道に仕事を続け、身の丈にあった小規模の社会事業に関わった。対して、朝日は事業計画の行き詰まりに直面し、鬱屈《うっくつ》していた。彼は連日、病気と称して臥床《がしょう》し、考え込んだ。「労働ホテル」計画を支援せず巨万の富を手元に蓄える財界人に対して、強い怒りと不満を溜《た》め込んでいった。

その攻撃性は、ますます鋭利なものになっていた。日々、富者を恨み、敵意を強めていた。

そして一人、テロ実行の決心を固め、密《ひそ》かにその準備に取り掛かった。

「死ノ叫声」の脱稿

一九二一年九月三日。

朝日は、西濃館の部屋で「死ノ叫声」と題した文章を書き上げた。

これは彼にとって、自己の存在証明を賭《か》けた最重要文書であり、心血を注いで書き上げた社会的遺書であった。

九月三日は、皇太子（のちの昭和天皇）が約六カ月のヨーロッパ訪問から帰国した日だった。朝日がこの日を意図的に選んで「死ノ叫声」を脱稿したのかどうかは、定かでない。しかし、文末に「東宮殿下ヲ奉迎スルノ日ニ書ス」と記されていることから［朝日一九六三：四八二］、皇太子の帰朝した日であることを強く意識していたのは間違いないだろう。

そんな「死ノ叫声」は、天皇への言及からはじまる。

日本臣民ハ朕《ちん》ガ赤子ナリ。臣民中一名タリトモ其《そ》ノ堵《と》ニ安ンゼザル者アレバ、之《こ》レ朕ノ罪ナリ……トハ先帝陛下ノ御仰《おお》セナリ。歴代ノ天皇モ此《こ》ノ大御心《おおみこころ》ヲ以《もっ》テ、国ヲ統《す》ベサセ給《たま》ヒ、今上《きんじょう》陛下モ等シク之《これ》ヲ体《てい》シ給フモノニシテ、一視同仁ハ実ニ吾《わ》ガ神国ノ大精神タリ。サレド君側《くんそく》ノ奸《かん》、陛下ノ御徳ヲ覆《おお》ヒ奉《たてまつ》リ、自派権力ノ伸張ヲ計ルタメ、各々《おのおの》閥ヲ構ヘ、党ヲ作《な》シ、之ガ軍資ヲ得ンタメ奸富（邪悪な富者）ト賊誼《ぞくぎ》ヲ結ビ、奸富ハ利権ヲ占メンタメ之ニ応ジ、其《そ》ノ果ハ理由ナキ差別トナリ、上ニ厚ク下ニ薄ク、貧シキ者、正シキ者、弱キ者ヲ脅シ、窘虐《きんぎゃく》スル（虐げる）ニ至ル。斯《これ》ハ歴代ノ内閣総《すべ》テ然《しか》ラザルナク、元老其《その》範ヲ示シ、政界ノ巨星等シク、之ガ元兇タリ。［朝日一九六三：四七九］

日本人はすべて天皇の赤子であるため、日本国民のうち一人でも安楽に暮らすことがでないならば、それは天皇の罪である。そう明治天皇が述べたと、朝日は強調する。そして、すべての国民を差別なく平等に愛する大御心は、現在の天皇に受け継がれているはずだと論じる。

しかし、朝日の見るところ、そのような大御心は、天皇の傍にいる邪《よこしま》な心を持った者ども（「君側の奸」）によって阻害され、国民のもとには届いていない。彼らが自らの利益のために天皇を利用し、国民の平等を奪っている。貧者や弱者を虐《しいた》げているのは、まさにこの「君側の奸」の連中なのである。

朝日は続いて、藤田伝三郎や大倉喜八郎、山本権兵衛《ごんべえ》、大隈重信、山県有朋などの具体名を挙げ、彼ら特権階級・既得権益集団を厳しく断罪する。そして、彼らのような人間が、様々な収賄《しゅうわい》・汚職事件を繰り返すことから世の中で「道徳観念ノ消滅」が進み、「正義ハ亡《ほろ》ビ愛国心ハ消エ失《う》セントスルニ至」ったと指摘する［朝日一九六三：四七九］。

朝日の怒りは続く。

> 嗟呼《ああ》、夫《そ》レ弥《いよいよ》高ク弥厚キ大御心ハ、一部ノ権力者ニ壟断《ろうだん》セラレ、慈心渉《わた》ラズ、恩沢（天皇からの恵み）局限スルノ奇現象ヲ呈セシメシハ、抑《そもそ》モ誰ガ罪ゾ……。

［朝日一九六三：四七九―四八〇］

朝日は訴える。

世の中には、過労や不衛生によって肺病となった天皇の「赤子」がいる。夫を失い、子供を育てるために「淫売《いんばい》」となった天皇の「赤子」がいる。戦争で負傷したものの充分な補償を得られず、「乞食《こじき》」同然の生活を送る天皇の「赤子」がいる。どんな炎天下でも雨風の中でも、街角に立って交通整理をする天皇の「赤子」がいる。食事をする蓄えがなく、軽犯罪を犯してしまい獄中で苦悶《くもん》する天皇の「赤子」がいる。

一方で、「大罪」を犯しても、法律を巧みに操って、罪を逃れる高級官僚がいる。彼らが亡《な》くなると新聞紙上で大々的に報道され、表彰されるが、「国家交通工事」に従事し命を落とした鉄道工夫は、そのような扱いをされない［朝日一九六三：四八〇］。

こんな不条理が続いていいのだろうか。一部の権力者によって大御心が壟断され、民衆への抑圧が続いてもいいのだろうか。

洵《まこと》ニ思ヘ。彼等新華族ハ、吾人《ごじん》ノ血ヲス、リシ仇敵《きゅうてき》ニシテ、大名華族ハ吾等ノ祖先ノ生命ヲ奪ヒシ仇敵ナルヲ。［朝日一九六三：四八〇］

大名の裔《すえ》である華族、勲功によって新たに爵位《しゃくい》を得た経済人、いずれにも憎悪を向ける。朝日は、語気を強める。

　吾人ハ人間デアルト共ニ、真正ノ日本人タルヲ望ム。真正ノ日本人ハ、陛下ノ赤子タリ。分身タルノ栄誉ト幸福トヲ保有シ得ル権利アリ。併《しか》モ之ナクシテ名ノミ赤子ナリト煽《おだ》テラレ、干城《かんじょう》（守護者）ナリト欺《あざむ》カル。即《すなわ》チ生キ乍《なが》ラノ亡者ナリ。寧《むし》ロ死スルヲ望マザルヲ得ズ。〔朝日一九六三：四八〇〕

日本人は皆、天皇の平等な赤子である。平等に「栄誉」と「幸福」を手にする権利がある。しかし、特権階級の人間たちは国民の平等を阻害しながら、ただ建前として天皇の赤子であることを鼓吹し、国を護《まも》ることを要請する。これでは、生きていても死んでいるのと同じである。そんな状況が続くのならば、死を望むしかないではないか。

朝日は説く。

我々が生を享《う》けた日本は「子孫ノ永遠ニ生ク可《べ》キ地」である。子孫が永続し、日本の隆昌《りゅうしょう》が続くことこそが、私たちの願いである。そのためには、国民が「和合」し「協力」しなければならない。善政を敷き、それによって、日本人であることの恩恵を平等に受けさせる必要がある。

然《しか》ルニ、前述ノ如《ごと》キ現下ノ社会組織ハ、国家生活ノ根元タル陛下ト臣民トヲ隔離スルノ甚《はなは》ダシキモノニシテ、君民一体ノ聖慮ヲ冒瀆《ぼうとく》シ奉ルモノナリ。而《しか》シテ、之《これ》ガ下手人ハ、現在ノ元老ナリ。政治家ナリ。華族ナリ。顕官ナリ。更ニ斯《かくの》如キ下手人ニ油ヲ注ギ、糧《かて》ヲ給スル者ハ、実ニ現在ノ大富豪ナリ。従テ、君側ノ奸ヲ浄《きよ》メ、奸富ヲ誅《ちゅう》スルハ、日本国隆昌ノタメノ手段ニシテ、国民大多数ノ幸福ナルト共ニ、真正ノ日本人タル吾等当然ノ要求ナリ。権利ナリ。〔朝日一九六三・四八〇〕

日本の現状では、社会組織が国民と切り離され、一部の特権階級が富を独占している。これは「君民一体」の精神を冒瀆するものであり、その冒瀆者は元老や政治家、華族、高級官僚である。そして、彼らの地位や特権を保全し、富を得させているのは大富豪に他ならない。この「君側ノ奸」を浄化し成敗することは、日本の興隆を進展させ、大多数の日本国民に幸福をもたらすための当然の権利である。

ここで朝日は、一君万民の平等社会を確立するためには、既得権益をむさぼる者を取り除くべきであると明確に主張している。天皇の赤子としての平等な立場を獲得するためには、それを阻害する富豪たちを殺さなければならないと論じている。

朝日が求めたものは、天皇の恩恵を「差別ナク」得ることができる日本社会の実現であり、超越的な天皇のもと、すべての国民が平等に暮らす社会の現出であった。そして、そのためには最早《もはや》、理屈だけではなく、具体的な直接行動こそが必要であると主張したのである。

先駆者として

こうした主張に続けて朝日は、自らの半生を振り返りながら、議論を進める。

彼はまず、自分が「家ヲ捨テ、親ヲ忘レ」て、様々な事業に携わってきたことを強調する。自分は常に「孤独」であったと言及し、各地を「流転《るてん》」してきたと述べている。

彼の中で作られたライフヒストリーでは、家族との別離は自らが社会活動のために選んだ道であり、親からまじめに生きるようたしなめられた上、その約束をまもらず帰郷できなくなった経緯などは等閑視されている。彼の記述からは、両親との折り合いが悪く、親戚《しんせき》にも疎《うと》んじられてきたというネガティブな側面は、常に切り捨てられる。ただし、彼が公《おおやけ》に発表されることを前提に書いた複数の文章の中で、あえて何度も「家を捨てた」と言及していること自体には、重要な意味があるだろう。この「家」や「親」へのアンビバレントな述懐は、逆説的に、彼の「家族というもの」に対する強い渇仰を表していると言えるのではないか。

　また、自らが「孤独」であったことや、「神経衰弱症」に陥ったことを述べている点も重視すべきである。彼の他者に対する極度の攻撃性と、自らの弱さへの意図的な言及は、自己承認欲求や自己愛という同根の源から出てきたものと見るべきだろう。独りでいることに耐えられない朝日は、自らの「孤独」に過敏であるがゆえに、その「孤独」感をことさらに表現し、他者からの関与を期待した。

　彼は平民青年党の計画から労働ホテルの構想に至るまでを振り返り、「自己ノ利益以外ニハ何等ノ国家観念モ社会的責任モナキ彼等奸富」が自分の事業を支援しなかった点を、ここでも断罪している。そして、富豪たちと共同歩調をとることが困難であることを悟ったと述べた上で、次のように言う。

君側ノ奸ヲ養フ彼等奸富ノ代表的人物一二ヲ誅シ、併《しか》モ尚《な》ホ反省シ悔悟セザルニ於《おい》テハ、予ノ残党ヲシテ決行セシムルノ遅キニ非《あ》ラザル事ヲ悟ル。［朝日一九六三：四八一］

まずは自分が先駆者として、代表的な奸富を暗殺する。それでもなお富豪たちが反省しない場合には、自分に続いて暗殺を行う同志たちに期待しようと朝日は言うのである。

幸ニシテ予ノ行為、効ヲ奏シ、富豪、顕官、貴族等ガ悔悟シ、改悛セバ、即チ予ノ盟友モ配下モ、沈黙ス可《べ》ク、未知ノ共鳴者モ騒ガザル可ク、社会一般モ平穏ナルヲ得ベキモ、然《しか》ラザルニ於テハ、随所ニ暗殺行ハレ、刺客出没シ、富豪モ貴族モ元老モ、之ガ番犬タル政治家モ、悉《ことごと》ク白刃《はくじん》ト爆弾トノ洗礼ヲ受ク可キモノト知レ。

（中略）予ハ最初ノ皮切トシテ、模範トシテ、一奸物ヲ誅シ、自ラモ自刃スト雖《いえど》モ、予ノ思想ヲ体シ、抱負ヲ汲《く》メル第二第三ノ士、幾十度モ出没シテ、予ノ希望

ヲ貫徹シ、予等ガ渇望セル社会ヲ実現ス可キヲ信ズルガ故《ゆえ》ニ、予ハ莞爾《かんじ》トシテ（微笑んで）往カンノミ。〔朝日一九六三：四八一〕

ここで彼は明確に、富豪へのテロの後には、自ら命を絶つことを表明している。そして、テロが次々に連鎖することで富豪たちが後悔・反省し、天皇の赤子が平等に暮らすことのできる理想社会が誕生するという見通しを述べている。

彼が描くテロの効用と、理想社会へ至るプロセスの青写真がここに示された。

設計主義と北一輝からの影響

朝日は青年たちに向けて、テロ後の社会設計の具体案を掲げる。

青年志士ニ檄《げき》ス。卿《けい》等ハ、大正維新ヲ実行ス可キ天命ヲ有セリ。而《しか》シテ之《これ》ヲ為《な》スニハ、先《ま》ヅ第一ニ奸富ヲ葬《ほうむ》ル事、第二ニ既成政党ヲ粉砕スル事、第三ニ顕官貴族ヲ葬ル事、第四ニ普通選挙ヲ実現スル事、第五ニ世襲華族世襲財産制ヲ撤廃スル事、第六ニ土地ヲ国有トナシ小作農ヲ救済スル事、第七ニ十万円以上ノ富ヲ有スル者ハ一切ニ没収スル事、第八ニ大会社ヲ国営トナス事、第九ニ一年兵役トナス事……等ニヨリ染手スベシ。併《しか》モ最急ノ方法ハ、奸富征伐ニシテ、其ハ決死ヲ以テ暗殺スル外ニ道ナシ。〔朝日一九六三：四八二〕

ここで注目すべきは、朝日が極めて簡略ながらも、革命後の社会設計計画・プログラムを提示していることである。彼は、富豪や既成政党、高級官僚、貴族を葬った後に「普通選挙の実施」「華族身分の世襲と世襲財産制の撤廃」「土地の国有化による小作農の救済」「私有財産制の制限」「大企業の国営化」「一年の兵役義務」などの政策を実行すべきであると説いている。

このような設計主義的な構想を有した革新的日本主義は、大正期に登場した国家社会主義者たちに共通する点であった。実際、彼は「死ノ叫声」の中で、「無政府主義者」や「共産主義者」とは「其ノ根底ニ於テ全然相容《あいい》レザル」とする一方で、「吾人ト共鳴シ得ル国家社会主義者ノ一団アルヲ知ル」として、同時代の国家社会主義に対する思想的共鳴を表明している。

彼が具体的に共鳴した国家社会主義者の代表は、北一輝であろう。

松本健一が指摘するように、「死ノ叫声」は北一輝の『国家改造案原理大綱』の影響下にある［松本二〇〇四］。「死ノ叫声」で示された設計主義的な革命プログラムの構成は、『国家改造案原理大綱』の章構成とほぼ一致するのだ。

まず、朝日が掲げた「普通選挙の実施」「華族身分の世襲と世襲財産制の撤廃」は、『国家改造案原理大綱』の第一章に「普通選挙」「華族制廃止」という項目として掲げられている。北はここで、明治期の伊藤博文らが貴族的特権を残存させるヨーロッパ諸国のあり方に倣《なら》ったことを批判した上で、華族制の廃止こそ「維新革命ノ本来ニ返ヘル者」であると述べている［北一九五九：二二四］。

「土地の国有化」は、第三章に「私有地限度ヲ超過セル土地ノ国納」として示され、「十万円以上ノ富ヲ有スル者ハ一切ニ没収スル事」とする「私有財産制の制限」は、第二章に「私有財産限度——日本国民一人ノ所有シ得ベキ財産限度ヲ三百万円トス」として提示されている［北一九五九：二二八—二三二］。両者を比較すると、明らかに朝日の提案の方が統制経済の色彩が強く、資本主義に対する国家介入の度合いが高い。しかし、構想や志向性の枠組み自体は、ほぼ同様のものと見ることができよう。

さらに「大企業の国営化」は、第四章において「私人生産業限度ヲ超過セル生産業ノ国有——私人生産業限度ヲ超過セル生産業ハ、凡《すべ》テ之ヲ国家ニ集中シ、国家ノ統一的経営トナス」として示され〔北一九五九：二三七〕、「一年の兵役制」については第八章で「徴兵制ノ維持」として掲げられ、「一年又ハ一年半ノ軍隊的軍艦的訓練ハ、如《い》何《か》ナル専門的使命アル者モ身心ノ根源ヲ培養シテ、其ノ使命ノ大成ヲナサシムル者ナリ」と年限にも言及している〔北一九五九：二六八―二七二〕。

　このように朝日の「死ノ叫声」に示された革命プログラムは、北の『国家改造案原理大綱』の強い影響下に書かれていることが明確である。そのため、一部の日本主義者の間では、密かに、「死ノ叫声」は北一輝が執筆したものであるとの見方が共有されてきた。朝日の甥《おい》であり、のちに北の家に出入りすることになる辻田虎之助も、北＝執筆者説を主張していたようだが〔高橋一九六三：xlv〕、この説を証明する史料は管見の限りでは存在しない。

「死ノ叫声」は、後述のように奥野に託されたものであり、奥野自身も『嗚呼朝日平吾』の中に全文を（伏字が多用されているものの）引用している。警察も朝日の遺書とみなし、証拠書類として押収《おうしゅう》している。そのため、筆跡については朝日のものと断定して間違いないだろう。また、前述のように朝日自らの人生の追憶の記述が含まれており、文体についても朝日の他の文章と類似していることから、北＝執筆者説を採ることは難しい。

朝日が何らかの形で『国家改造案原理大綱』を入手し、その影響下で「死ノ叫声」を執筆したと見るのが妥当であろう。

「只ダ刺セ」

北は『国家改造案原理大綱』の中で、次のように述べている。

天皇ニ指揮セラレタル全日本国民ノ超法律的運動ヲ以《もっ》テ、先《ま》ヅ此《こ》ノ政治的経済的特権階級ヲ切開シテ棄《す》ツルヲ急トスル所以《ゆえん》ノ者、内憂ヲ痛　外患ニ悩マシムル凡《すべ》テノ禍因《かいん》、只《ただ》コノ一大腫物《はれもの》ニ発スルヲ以テナリ。（中略）国家改造ノ急迫ハ、維新革命ニモ優レリ。只天寵《てんちょう》ハ、コノ切開手術ニ於テ、日本ノ健康体ナルコトニ在リトス。〔北一九五九：二七八〕

北は、具体的な国家改造を進めるために、まず特権階級を「切開シテ棄」てなければならないとし、彼らの存在こそが日本社会を悪くするすべての原因であるとしている。彼は病というメタファーを使用し、日本社会が「内憂」に苦しみ「外患」に悩まされているのは、すべて特権階級という「一大腫物」があるからだと説く。そして、この「腫物」を「切開手術」によって取り除くことこそ、日本社会が「健康体」になるための条件であるとする。

　このような認識は、朝日がテロを志向した論理と一致する。朝日は北の『国家改造案原理大綱』を読み、自らの考えは正しいという意を強くしただろう。あるいは、北からの影響によって、テロを行う構想を描いたのかもしれない。

　朝日は、「死ノ叫声」の最後で、次のように言う。

> 黙々ノ裡《うち》ニ只ダ刺セ、只ダ衝《つ》ケ、只ダ切レ、只ダ放テ、而シテ同志ノ間往来ノ要ナク結束ノ要ナシ、唯ダ一名ヲ葬レ、是レ即チ自己一名ノ手段ト方法トヲ尽セヨ、然ラバ即チ革命ノ機運ハ熟シ随所ニ烽火《のろし》揚リ同志ハ立所ニ雲集セン、夢々利ヲ取ルナ、名ヲ好ムナ、只ダ死ネ、只ダ眠レ、必ズ賢ヲ取ルナ、大愚ヲ採リ大痴ヲ習ヘ（後略）［朝日一九六三：四八二］

　一人の志士がただ一人の特権階級を葬れば、自《おの》ずと革命の機運は熟していき、同志が集まってくる。今は同志と結束する必要はなく、ただ黙々と刺して、衝いて、切って、（弾丸を）放つべきである。利を追求せず、ただ「大愚」「大痴」と化して、特権階級を暗殺せよ。

この主張には、後に井上日召《にっしょう》などが説いた「一人一殺《いちにんいっさつ》」の原型が示されている。一人の憂国の志士が、一人の「君側の奸」を刺すことで、自ずと社会は良くなるであろうという構想が示されている。

朝日は、「死ノ叫声」を書き上げたこの日、西濃館の六畳間で奥野と語り合った。

もちろん、この時点で、朝日は奥野にテロの計画を打ち明けてはいない。「死ノ叫声」を書いたことも、漏らしていない。

朝日はこの日、「壮《さか》んに悲憤慷慨《こうがい》の言句を連発した」という。それに対して、奥野が「其の悲憤慷慨は何の役にもならぬ」と返し、「精神美の謳歌《おうか》」こそが重要だと説くと、朝日は「ソーか、君は開いて万朶《ばんだ》の桜となれ。僕は凝つて百錬の鉄となるよ」と答えたという〔奥野一九二二：二九四〕。

死の手紙

一九二一年九月二二日。

彼は本郷二丁目にあった松村写真館で、記念撮影を行う（九頁参照）。部屋で書類の整理を行い、明治神宮を参拝した。

この頃、朝日は各方面への遺書を次々と書き溜め、着々とテロの準備を進めていた。彼の特徴は、遺書「死ノ叫声」だけでなく、自らのテロの意義を説く手紙を、有力者・著名人に数多く書き送っていることである。

九月九日、朝日は憲政会の武富時敏に宛《あ》てた手紙を書いた。武富とは、憲政会の選挙応援などを通じて面識があり、ここには「政治的生活に於ける尊敬の念」が書かれていたという〔東京朝日新聞一九二一・九・三〇〕。

一三日には東京毎日新聞社社長の藤田勇宛《あて》の手紙を書いた。藤田とはこれまで面識がなかったが、「予《かね》て貴下の御人物は聞及び敬服致し居」たとして、次のように述べる。

　今回、別紙の如き抱負と信仰の下に、奸富を誅し候処《そうろうところ》、斯《これ》は他の富豪及政治家等を覚醒《かくせい》せしめ、志士を刺激し度《た》き切望の余りに有。之随《これしたが》つて、小生の死が真意那辺にあるかを天下に知らしめるの必要有之《これあり》候《そうろう》。

　併《しか》も、別紙と同様の遺書は、小生懐中致し、各新聞社の材料として臨検の官吏より提供致し呉れなば幸甚に候らへ共《ども》、聊《いささ》か過激の言句も有之《これあり》、或は官憲に於て発表禁ずるやも知れずと存じ候条、特に貴下及貴社の雄々しき御奮闘振りを信頼し、此書呈遺仕《つかまつ》り候につき、希《ねがわ》くは武士の情《なさけ》を以つて、小生臨終の懇願を達成せしめられ度《たく》、切に懇願申上候。［奥野一九二二：四八］

朝日は、自らの遺書が、官憲によって押収され、非公開とされることを強く恐れていた。彼にとって重要だったのは、自らの死の意味を広く「天下に知らしめる」ことであり、そのためには「同様の遺書」が新聞社の幹部の手に渡る必要があった。だからこそ、犯行声明文を東京毎日新聞社社長宛に準備しておいたのである。

さらに彼は、二〇日に奥野宛の手紙を書いた。

ここでも自らの死の意義が世の中に広く伝わることに強い執着を示している。

今回の行為は予定の行動にして、敢《あえ》て驚くに足らず。されど、余の心意を誤伝せらるゝの憾《うらみ》あり。希《ねがわ》くは東京毎日か国民新聞かに、別紙『死の叫声』を発表すべく努められたし。余の遺書中、余の真面目《しんめんもく》（本来の価値）を赤裸々を記せるものあり。希くは後来、余の伝記を編するに当り、御参考とせられたし（後略）。

［奥野一九二二：三五］

奥野に対して自分の伝記の編集を要請している。自分の人生の歩みを奥野がまとめ、天下に知らしめることを求めている。

さらに彼は、自らの家族について言及し、次のように述べている。

> 余が大望を果す為、如何に苦しみしか、然《しか》して近時の生活状態の如何なりしかを、兄に知らしむる為には、一度出京すべく打電せられたし。然らずば、余の親兄弟は平凡なる人物のみにて、余の心《ママ》骨頂を誤解し居らん。［奥野一九二二：三六］

自分がどれほどの「大望」を抱いていたのか、その実現のためにどれほど苦しんできたかは、「平凡なる人物」ばかりの親兄弟にはわからないだろう。自分の真価を理解していない平凡な家族に対して、それを理解させるために、兄には一度、上京するよう打電して欲しい。そう、朝日は奥野に依頼している。

朝日は、自らを承認しない家族に対して、最後まで苛立ちをつのらせていた。

——あのような「平凡」な人間たちには、自分の高尚な理念や行動原理は理解できないだろう。しかし、死にあたって、自分が立派な人間であることを、しっかりとわかって欲しい。自分の真の価値を知って欲しい。

そんな欲望を、彼は鮮明にしている。

この頃の文章には「知らしむる」という言葉が数多く見受けられる。彼は、自分の存在や行動の意義が、広く周知されることに固執している。

奥野への手紙は、次のような文章で締めくくられている。

渋沢子爵《ししゃく》と武富時敏先生とは、貴下直接訪問して、余の真意を語られたし。共に人格の士なり。よろしく教化を享くべく、右後事《みぎこうじ》を託す。仍件《よってくだん》の如し。「奥野一九二一：三六―三七」

朝日は、最後まで自分の「真意」が伝わることにこだわっている。特に自分のことを一定程度承認してくれた有力者に対しては、奥野が直接、彼らを訪問し、朝日の真意を語ることを要請している。

この他にも、朝日は内田良平と北一輝に宛てた手紙を書き記している。

内田に宛てた手紙では、次のように述べている。

> 其後、黙々として沈思致し居り候所《そうろうところ》、方今《ほうこん》（現今）の風雲、如何にも物凄《ものすご》きものあるを看取し、どうしても何等かの刺戟を与へざれば、必らずや憂《うれ》ふべき現象の来《きた》る事を信じ候条、此挙に及び申し候。希くば、小生の死をして犬死に終らしめざる様、武士の情に志士を鞭撻《べんたつ》遊ばされ度《たく》、死に臨み、万斛《ばんこく》の（はかりきれぬほどの）熱情を以て御願申上候。〔奥野一九二二：一四六〕

自分の死が「犬死」になってはならない。意味ある死とならなければならない。そのためには、自分に続く志士が必要であり、そのような志士を鼓舞し励まして欲しい。朝日は、伝統右翼の実力者である内田に対して、そう要請している。

この頃、朝日は一方で、頻繁に吉原の遊郭に通っている。稲本楼の娼妓《しょうぎ》・九重《ここのえ》と大文字楼の花魁《おいらん》・大巻太夫《おおまきたゆう》を贔屓《ひいき》にしており、特に後者については九月六日から「一週間ばかり流連《いつづけ》（遊興にふけって家に帰るのを忘れること）をし」た。そして、遂《つい》に資金の底が尽き、「大巻に十七円とかを貸りたりした」〔奥野一九二二：二八〇〕。

「秘密書類」

事件五日前の九月二三日。

朝日は夕方になって奥野に電話をかけ、「殊《こと》に今夜は馬鹿に淋しいんだから、夫《そ》れで君に来て貰《もら》ひたいと思ふんだよ」と伝えた〔奥野一九二二：三〕。

外は激しく雨が降っていた。

奥野は仕事を片付けると、すぐに朝日のもとに向かった。西濃館の三階に上がると、その足音を聞いて、「奥野君か」と声をかけながら朝日が廊下に出てきた。彼は「よく来てくれたね」と言って握手を求め、「是非今夜は泊つてくれたまへ、二人大《おおい》に語らうじや無いか」と喜んだという〔奥野一九二二：五―六〕。

奥野は、いつもと違う朝日の様子に戸惑い、「何か特殊の話があるに相違無い」と思って、朝日が話を始めるのを待った。しかし、朝日には一向に話を切り出す様子がなく、時間だけが過ぎてゆく。

そのうち話題は「労働ホテル」の失敗に及んだ。すると朝日は、悲憤慷慨しながら次のように語ったという。

現在我国の有様から見ると、或は僕の瞳《ひとみ》の黒い中《うち》は、其の実現が六ケ《むずか》しいかとも思ふ。イヤ、恐らく駄目だ。少なくも僕の瞳の黒い中は、此の社会的大事業は、社会から葬られて居る他はあるまい。〔奥野一九二二：七〕

このとき奥野は「其の言葉の節々に腑《ふ》に落ちぬ点」があったため、朝日を問いただした。

――なぜ血気盛んな青年が、急に自分の目の黒いうちは難しいといった「耄碌《もうろく》親《おや》爺《じ》」の口調なのか。「君はソンなに意気銷沈したのか」。

そう奥野が問うと、朝日は次のように答えた。

君、「人世朝露《ちょうろ》の如し」で、若いから死なぬと云ふ理屈がドコにある。僕だつて、否《いな》、君だつて然《そ》うだ。今日、斯《こ》う楽しく話し合つて居つても、明日にもドツチかが死なぬとは、断言し得ぬでは無いか。〔奥野一九二二：八―九〕

そう言うと、朝日は豪快に笑ってみせて紛らわそうとしたが、奥野の目には、「強ひて作つた笑で、真からの笑では無」いと映った。

朝日は、女中を呼んでビールを注文した。そして、顔が赤らんでくると、謹厳な面持ちで「君、僕の考へは違つて居るだらうか」と問いかけ、再び「労働ホテル」の話を始めた。

朝日いわく、労働ホテルの失敗によって、自分は社会の裏表と人情の厚薄を思い知った。そして、一つのことを決心した。それは「僕自らが肉を切り棄《す》てる事」である。社会国家のために、自分が肉を切り捨てて霊として生きることが重要なのではないか。

彼の言葉は、次第に熱をもってきた。

自らの問いへの意見と同意を求める朝日に対して、奥野は「今夜は考へさせてくれたまへナ」と返し、「今夜は大分おそいし、酔つても居るから寝るとしやうでは無いか」と促した。

翌朝、前日からの雨は、まだシトシトと降り続いていた。

目を覚ました二人は、相対して朝食をとった。

奥野は前夜の朝日からの問いに対して、「君自分が肉を切り棄てヽ精神界に活《いき》ることは元より可では有るが、君自分が社会を棄てることには、僕は絶対反対だ」と答えた。それに対し朝日は「ナル程、然《そ》うかな。ヱヤ、或は然うかも知れぬ。……」と返事をし、タバコを吸った。

次の瞬間、彼は突然立ち上がって、洋風本箱の中から、長さ約三〇センチ、幅一五センチほどのハトロン紙に包んだものを取り出した。そして「之《これ》はね、僕の秘密書類だが、君暫時《ざんじ》、預かってくれないか」と言って、奥野に差し出した。

奥野はこれを承知し、書類を受け取った。ハトロン紙にくるまれていたのは、「死ノ叫声」をはじめ「斬奸状《ざんかんじょう》」、奥野貫宛遺書、内田良平宛書簡、北一輝宛書簡、藤田勇宛書簡などであった。奥野はそのことを知る由《よし》もない。

奥野貫は書類を手に、帰途につこうとした。

ふと振り返ると、朝日平吾は目にうっすらと涙をためていた。

「何だ、君泣いてるのか」と奥野が声をかけると、「睡眠不足で茫乎《ぼんやり》してたんだろう」と答え、その場を取り繕った。

三日前

九月二五日の午後。

朝日は、奥野の自宅と勤め先を訪ねた。しかし、奥野は外出中で、朝日は失望の面持ちで「ア、、残念だな——当分暫《しば》らく逢《あ》へなくなるが」と打ち萎《しお》れて帰っていったという。

家に戻った奥野は、家人から朝日が訪ねてきたことを聞き、彼の様子が気になり、西濃館へと向かう。

下宿の六畳間に着くと、朝日はすました顔で座っていた。奥野が声をかけると、朝日は拗《す》ねた表情で、不在だったことに対する不満を述べた。これに対し、奥野が「社用で不在だつたが、然《そ》う君のお気に障《さわ》るなら、僕はこのまゝ帰るとしやう」と言うと、朝日は「まゝ、、、帰らんでくれよ」と言って必死で引きとめた〔奥野一九二二：二二〕。

朝日は奥野に酒を注ぎ、いつものように語り始めた。

その会話の中で、朝日は繰り返し「不《ふ》自惜身命《じしゃくしんみょう》」という法華経の一節を引用し、命を惜しまず行動することの重要性を語ったという。これに対して、奥野が「質直意柔《しつじきいにゅう》軟《なん》」（法華経の一節で、真心から誠実で、精神が穏やかであること。原文では『質直意柔慎』と誤記）も忘れてはいけないと言い、柔和でなければ仏を見ることはできないと説くと、「駄目、駄目。君、ソンな生温い事を言つたつて、当節は何等の反響も好果も無いからね」と言い返した。さらに、いつもの如く、特権階級に対して激しい非難と罵《ば》声《せい》を浴びせ、国家のために一身を棄てる覚悟があることを表明した［奥野一九二二・二一―二三］。

朝日は、一通り語り終えると、ホロホロと涙を流し、ハンカチでメガネの曇りをふき取った。

そして、おもむろに「あ、君のところへ行つたのは、金を借り度《た》いと思つて行ったのだが、君、二十円ばかり都合してくれないか」と言い、しばらくの間、旅行に出るのだと語った。

奥野は二十円を貸与することなく、話題を変えて、話を進めた。朝日は、かつての事業の失敗談を語り、「僕の半生は失敗だつた」と述べたという。奥野が帰るときには、自らの体を擦りつけ、玄関先にたたずんで見送った。

朝日はこの日、吉原の稲本楼に出向き、同じく吉原の大文字楼には電話を入れた。彼は電話口で「大巻太夫を呼んで呉れろ」と頼んだが、彼女は病気で入院中だったため、声を聞くことはできなかった。彼は「一寸《ちょっと》遠い所へ旅に出る」と言い、「一生帰らないかも知れぬ、いや帰らない方が近いよ」と言って電話を切った。

こうして、最後の東京の夜が更《ふ》けていった。

大磯へ、そしてその日

九月二六日。

彼は午後に東京を出発し、大磯へ向かった。

夕方、安田善次郎邸の脇《わき》に建つ旅館・長生館に到着し、二階四番の部屋に投宿した。この部屋からは、安田邸の様子をうかがうことができ、好都合だった。朝日は、宿帳に本名を記さず、「東京市神田区小川町弁護士・風間力衛」と偽名を書いた。

この夜（もしくは翌朝）、朝日は「風間力衛」名義で奥野に手紙を書いた。彼はここで二八日に犯行を決行し、自ら命を絶つ旨《むね》を記して二八日に奥野のもとに到着するよう郵送の手配をした。

翌朝一〇時。

朝日は安田邸を訪れた。しかし、面会はかなわず、すぐに長生館の部屋に戻ってきた。部屋で新聞を読むなどして時間を過ごし、夕方には「南無妙法蓮華経」を読誦《どくじゅ》した。

夕食の際には、酒を呑《の》みつつ、詩などを吟じた。彼は「皆、来い。面白い事を聴かせてやる」と言って、宿の女中たちを呼び集め、「婦人問題」や「家庭問題」を説き聞かせた。鴨緑江節や博多節を唄《うた》い、一二時過ぎまで語りに興じた〔奥野一九二二・六二〕。

九月二八日、朝。

朝日は変わった様子を見せるわけでもなく、髭《ひげ》を剃《そ》り、朝食の席についた。女中が「お酒を召し上りませんか」と尋ねると、「さうさナ、昨夜の残りがあるなら、それを始末しやうか」と言って、三杯ほど続けて呑んだ。

そして、午前九時ごろ。

「今日こそ安田に逢つてくるよ」と言って、宿を出た。

安田邸の門前に立った朝日は、風間力衛の名を名乗って面会を求めた。

応対したのは、書生として住み込んでいた一六歳の青年・山梨茂利雄だった。彼は奥へ戻り、昨朝と同じ訪問者があることを安田に告げた。

安田は面会を断った。今は会えないが、明日、東京の安田保善社であれば面会してもよいと山梨を通じて返答した。

朝日が納得するわけもない。

彼は、なおも食い下がり、どうしても今、面会がしたいのだと言い張った。そして、

「警視総監及び渋沢子爵の紹介で来た」と述べ、再度、山梨青年に取次ぎを頼んだ。

山梨青年は、再び奥に消えていった。根《こん》負けした安田は面会を許可し、応接室へ案内するよう指示した。

朝日にとって、この時が安田とのはじめての面会だった。

彼は安田と向き合って座り、労働ホテルの趣意について語り始めた。

この後、どのような会話が交わされたかについての記録は残っていない。おそらく、労働ホテルの計画の提示があり、富者のあり方についての口論となったのではないかと推察される。

九時三〇分ごろ。

朝日は、突如、懐《ふところ》から刃物を取り出した。そして、いきなり安田の右胸を刺した。

安田は驚いて叫び声をあげ、椅子《いす》から転げ落ちた。彼は「栄吉、栄吉」と門番を呼び、慌《あわ》てて部屋から逃げようとした。そして、縁側から庭へ転げ落ち、倒れた。

朝日は、庭に下り、馬乗りになって安田を刺した。

騒ぎを聞きつけた女中のツルが駆け寄ってくると、朝日は「近よれば、貴様も殺して仕舞ふぞ」と脅し、なおも安田を刺し続けた。そして、安田の咽喉部《いんこうぶ》の気管を切り、とどめをさした。富山藩士の子息として生まれ、一代で安田財閥をつくり上げた男は、ここにその生涯を終える。

朝日は、安田の死を確認すると、縁側に上がり、部屋に戻って再び刃物をとり出す。そして、頸動脈《けいどうみゃく》を一気に切り、その場で自死した。

部屋のテーブルの上には、労働ホテルの趣意書が散乱していた。そこには美濃判罫《けい》紙《し》二〇枚に綴《つづ》られた「死ノ叫声」が並べられており、数通の遺書が置かれてあった。「死ノ叫声」には、森村開作、大内暢三、八代六郎など数名の宛名が連記されていたという「東京朝日新聞一九二一・九・三〇」。

朝日平吾、享年《きょうねん》三一であった。

第六章　テロルの時代

午後の東京

一九二一年九月二八日の正午過ぎ。

奥野は昼食をとるために、自宅へ戻った。普段は会社前の食堂で昼食をとったが、この日は自宅に戻り、母の手料理を食べることにした。

帰宅し、何気ない会話を交わしていると、母が思い出したように「オ、それ〱先刻《さっき》、郵便が来てたっけ……」と言って一通の封筒を手渡した。

差出人は「風間力衛」。

見慣れぬ名前だった。しかし、その筆跡には見覚えがあった。

「朝日君の夫《それ》に相違無い」。

そう思って封を切ると、手紙には「社会の為《た》め、身命を賭《と》して或る事を決行した。生還を期せず」という内容の文章が書かれていた〔奥野一九二二：二七―二八〕。決行の日時は二八日の朝とある。すでに、その時間は過ぎている。

奥野は動揺した。

――これは、朝日が大変なことをしでかしたかもしれない。

そう思って、昼食もとらず家を飛び出した。

会社に戻ると、大きな事件が起こったというニュースは流れていない。「何者かのいたずらだったのか」といぶかしく思いながら、奥野は仕事のため日本橋方面に向かった。

浅草橋の駅に出た。

すると、新聞の号外を示す鈴の音と「夕刊、夕刊」と叫ぶ売り子の声が耳に入ってきた。彼は急いで購入し、紙面に目をやった。

「大磯の別邸で安田善次郎氏刺し殺される」。

そんな見出しが躍っていた。

しかも、犯人は「風間力衛」とある。

――「必ず朝日君に相違無い」。

そう確信した奥野は、あることを思い出した。それは、数日前に預かった「秘密書類」の存在である。

奥野は、その足で京橋の日本電報通信社に駆け込み、犯人の情報を得ようとした。同社は電通の前身で一九三六年までニュース部門を有していた。

午後五時。日本電報通信社に到着した彼は、記者の佐藤謙吾と面会し、「私は其《そ》の刺客が若《も》しかすると、私の友人の朝日平吾と云ふのでは無からうかと思ふのです」と伝えた。そして「大磯消印で風間力衛と云ふ名で私のところへよこしてある書面に不穏の事が書いてあり、其の筆跡は全く朝日君に相違無いのですから、いよ〳〵以《もつ》て、安田翁《おう》の所へ行つたのは朝日君だと思ふのです」と、息せき切って話した［奥野一九二二：三一―三三］。

社内は色めき立った。そして、社の車で「秘密書類」が保管されている奥野の自宅へ共に向かった。帰宅するや否《いな》や、奥野はハトロン紙に包まれた「秘密書類」を開いた。まず「断金の友、奥野貫様」と書かれた手紙が目に入った。「断金（断琴）の交わり」とはきわめて深い友情で結ばれていることを示す言葉だ。続いて「斬奸状《ざんかんじょう》」や「死ノ叫声」、内田良平宛《あて》書簡、北一輝宛書簡、藤田勇宛書簡が出てきた。他にも朝日宛に届いた有力者・著名人からの書簡が入っている。

奥野は思わず「アッ、朝日君だッ」と叫び、呆然《ぼうぜん》と立ち尽くした。

佐藤は「いよ〳〵、朝日と云ふ人ですな」と言い、「ソレよりも早く其の遺書を読んで見て下さい」と言って、万年筆と手帳を取りだした［奥野一九二一：三四］。

奥野は、「斬奸状」を読んだ。

　奸富安田善次郎、巨富ヲ作《な》スト雖《いえど》モ富豪ノ責任ヲ果サズ、国家社会ヲ無視シ、貪欲卑《どんよくひ》吝《りん》ニシテ、民衆ノ怨府《えんぷ》タルヤ久シ。予、其ノ頑迷ヲ愍《あわれ》ミ、仏心慈言ヲ以テ、訓《おし》フルト雖モ改悟セズ、由《よっ》テ天誅《てんちゅう》ヲ加ヘ、世ノ警《いまし》メト為《な》ス。［朝日一九六三：四七九］

これで、安田善次郎刺殺の犯人が朝日平吾であることがはっきりした。

続いて、前記の奥野宛書簡と「死ノ叫声」を読んだ。

奥野の頬を涙が伝った。

そこへ、情報をキャッチした東京朝日新聞の記者が駆けつけてきた。記者は、開封した遺書を書き写し、朝日の写真を複写した。

一段落付くと、奥野は記者と共に、東京朝日新聞社の自動車で警視庁へと向かった。

午後九時。

警視庁に到着した奥野は、刑事に「死ノ叫声」や「斬奸状」、その他の書類を手渡し、犯人が朝日平吾に間違いない旨《むね》を伝えた。

その夜、奥野は新橋の旅館に泊まり、翌朝八時に毎日新聞社の藤田勇の自宅を訪問した。奥野は、朝日が書いた藤田宛の書簡を手渡し、北一輝宛書簡、内田良平宛書簡を藤田に託した。そして朝日の遺体を引き取るべく、派遣された勤務先の専務の弟と共に大磯へと向かった。犯行翌日の九月二九日昼のことだった。

この日の東京毎日新聞・東京朝日新聞夕刊の早版には、朝日の「死ノ叫声」や「斬奸状」が掲載された。しかし、それは即刻、発売禁止となり、警官が没収・回収してまわった。この日の遺書掲載版の夕刊は、密《ひそ》かに数十倍の値段で売り買いされたという［奥野一九二二：一三三—一三五］。現存するこの日の夕刊は、両者が削除され、奥野宛書簡のみが掲載された改訂版ばかりである。

内田良平と北一輝

藤田が代送した内田・北両人宛の書簡は、二九日中にそれぞれのもとへ届けられた。

内田良平は、前述の書簡全文をその日のうちに自らが率いる右翼団体・黒龍会から謄写《とうしゃ》版で頒布《はんぷ》することを指示した。黒龍会本部から発行されたパンフレットには、次のように書かれている。

　本書は九月二十八日、公憤の余、安田善次郎氏を大磯に於《おい》て刺殺したる朝日平吾氏が、本会主幹内田良平氏に贈りたる遺書にして、書中、氏が今回の行動を敢《あえ》てするに至りたる巨細《こさい》の心事を悉《つく》して余蘊《ようん》なき（余りない）ものあり。吾人《ごじん》は氏の行為に対し、暫《しば》く其の可否の言議《げんぎ》を避くべしと雖も、言々句々《げんげんくく》現代の警鐘とも見るべく、人心戒慎《かいしん》（いましめ慎むこと）の料ならざるなきを信ずるにより、此《ここ》に謄写に付し、同憂識者の左右に頒《わか》つ事としたり。幸に御熟覧を得ば、豈《あに》独り吾人の志とのみ謂《い》はんや。［奥野一九二二：一四六―一四七］

ここで内田良平および黒龍会の幹部は、朝日の内田宛遺書を「現代の警鐘」と捉《とら》え、同志たちが朝日の思いを共有することを望んでいる。

内田は、事件から約三カ月後に出版された『嗚呼朝日平吾』に序文を寄せた。同書で、朝日との「交際」は「必ずしも深きものあるにあらざりし」とした上で、「氏が身を挺《てい》して其志を行はんとするに当り、遺書を以て特に余に嘱《しょく》する所あるもの、これ豈に一種因縁の然《しか》らしむる所なる莫《な》からんや」と述べている。さらに、朝日の行動に対しては様々な見方があるとしながらも、「唯《た》だ氏が心事に至りては、耿々《こうこう》（光輝く）憂国の至誠止《や》む能《あた》はざるものありしこと、堅く余の信じて疑はざる所なりとす」と評価を与えている〔内田一九二一・一二〕。

一方の北一輝は、書簡を受け取る直前に読売新聞記者からの取材を受け、コメントを寄せている。

記事のタイトルは「遺書を名差された一人、北一輝氏は語る」。

彼はまず、朝日との関係について次のように言う。

　朝日などいふ男は、先程から頻《しき》りに考へてゐるが、私の記憶にない。只《ただ》昨年、八代大将から、先程朝日といふ者を君の処《ところ》へ紹介してやつたが、あれは紹介違ひだからと云ふ電話があつた限りで、其男が訪ねて来なかつた事がある。それとこれと同一人かどうかは解《わか》らぬが、朝日といふ名に就ては只それだけの記憶だ。如何《どう》して私に遺書したのか、理由も解からない。勿論《もちろん》、遺書も未だ其筋の手にありて、当方へは来ない。〔読売新聞一九二一・九・三〇〕

北はここで、朝日と面識がないことを明示している。そして、自分に遺書を送った理由についても、見当がつかないと述べている。

元海軍大将の八代六郎の名前が朝日との関係で言及されていることから、松本健一は、朝日が北の『国家改造案原理大綱』を八代のところで見せてもらい、筆写した可能性があることを指摘している〔松本二〇〇四：二六三〕。これは検討に充分値するが、現在のところ、その真相を明らかにする史料は見つかっていない。

前述のように、朝日の「死ノ叫声」は、北の『国家改造案原理大綱』からの影響が大きいと考えられる。しかし、北は朝日との直接の関係を否定している。

では、北は朝日が起こしたテロ事件をどのように見ていたのだろうか。

> 第三者として見て、彼は立派な殺し方であり、且《か》つ立派な死方であつた。然《しか》も夢にも知らない僕の名などを出して遺書する等は、死後、事件を迷宮に入らしむる落着いた謀事《はかりごと》で、大に感心してゐる。之《これ》はよく革命者などが問題を外《そ》らす為めにやる手段だ。私は昨年、すでに〇〇〇〇の結果として富豪〇〇〇〇の来《きた》るべきを床次《とこなみ》内相や川村警保局長の前で断言したが、それの一歩と見れば見られる。

〔読売新聞一九二一・九・三〇〕

北はここで「立派な殺し方」「立派な死方」と述べ、明確に朝日の行動を賞賛している。また、彼が北に遺書を送ったことを「落着いた謀事で、大いに感心している」と、革命家としての資質を高く評価している。

問題は伏字となった二箇所で、奥野は、この読売新聞の記事を参考に北の語りを再現しているが、前者に「民心の漸《ようや》く険悪になりつゝある傾向」をあて、後者に「大反感」をあてている。松本健一は前者には「民心の険悪」が、後者には「暗殺時代」が入るのではないかと推論している〔松本二〇〇四：二六二〕。

いずれにせよ、国民の間に富豪に対する不満が鬱積《うっせき》する中、北が、富豪を対象とするテロ事件が頻発する時代が到来するという予測を語ったことは間違いない。朝日の行動について立派な殺し方であり死に方と絶賛することを通じて、特権階級に対する警告と革命の予兆を表明していると見ることもできるだろう。

北にとって、安田暗殺テロを引き起こした犯人が自分に遺書を書き送ったという事実は、自らの革命プラン進展の導火線として有用だったのだろう。以後、北の言動の中に「朝日平吾」の名が垣間見《かいまみ》えるようになる。

その一つが、奥野に対する次のような語りである。

奥野は、後日、北のもとを訪れ話を聞いているが、その際、北は「不思議のこともあるものです」と声を潜めて、ある霊的体験を語り始めたという。

　二十九日の夜、朝日君の遺書を壁間に掲げて、経読《きょうどく》して居ると、傍に端座して居つた一書生の顔が、私の目には見る〳〵中《うち》に変つて来て、微笑を含みながら朝日君の顔となり、すつと立つて右の手を挙げ、遺書を指さして居る様に見えたのです。私もハッと思つて書生の方を見ます。依然たる書生ですが、亦《また》、読経をつゞけると、其の書生がどうしても微笑《えみ》を含んだ朝日君となつて、頻《しき》りと遺書に指さしてる光景が歴々と目に映ずるのです。元より見た事も無い顔ではあるが、ソレが朝日君であると直覚したさへ不思議であるのに、後で新聞に掲載された朝日君の写真が、全くその時の顔だつたには驚きましたね。此《こ》んなことは科学上の問題となるか、ならぬかは暫く別としましても、若《も》し霊の感応と云ふことがあつたとせば、或《あるい》は斯《こ》んな場合を指すのではあるまいか、とも思はれぬことも無いでせう……。［奥野一九二二：一五〇］

北の体験が、事実であったか否かはともかく、北が「朝日の霊」との「感応」を奥野に語ったことは間違いない。この話を聞いた奥野は「朝日君の霊が、北氏の読経にのりうつつたのではあるまいか」と述べ、北が「弔慰に、物質的援助に、宣伝に、力を吝《おし》まれ無かつたことを感謝」している［奥野一九二二：一五一］。事実、北は後日催された朝日の告別式・葬儀には出席しなかったものの、献花を行い、四十九日には挨《あい》拶《さつ》文を寄せている［奥野一九二二：二三二］。

奥野が北の「宣伝」に感謝を示していることからわかるように、事件後、北は朝日の行為を称《たた》える話をインフォーマルな場で行ったと推察される。北にとって、朝日を語ることは、『国家改造案原理大綱』で示したプランを遂行する足掛かりとして重要であり、朝日の行動は自らの影響力を示すための格好の実例であった。

のちに、北のもとには、朝日の甥《おい》の辻田虎之助が出入りし、彼に心酔することとなる。辻田は、一九四三年、二・二六事件の思想的指導者として銃殺後、火葬された北の骨壺を取り出し、その遺骨を「たべてしまつた」という［高橋一九六四：三］。

朝日が北に遺書を送ったことによって、北の革命指導者としての注目度は上がった。それを的確に理解していた北は、朝日のテロ事件を意義あるものとして語り、革命に向けた時代の方向付けを示そうとした。

朝日はこうして、時代のヒーローとされていく。

葬儀と埋葬

さて、大磯の安田邸で自死した朝日の遺体だが、事件の現場検証の後、町のはずれの「無縁塚」に埋められた。

翌日の午後、大磯に駆けつけた奥野らは、町役場の吏員に案内され、「無縁塚」に向かった。奥野は、埋められたばかりの場所を、人夫を使って掘り起こし、棺《ひつぎ》を取り出す。

棺の中には「穏やかな死相」の朝日が横たわっていた。

しかし、棺の内外には鮮血がついていて、着物の模様もまったくわからない状況だったという［奥野一九二二：五七］。

付き添った僧侶《そうりょ》が読経を終えると、蓋《ふた》は閉じられ、釘《くぎ》が打たれた。そして、人夫が棺を担《かつ》ぎ、火葬場まで運んだ。ここで朝日の遺体は荼毘《だび》に付され、翌朝、奥野が遺骨を拾った。一行は黒い布に包んだ骨箱をもって帰路につき、三〇日の午後、東京に戻る。

遺骨はいったん、毎日新聞社社長の藤田勇の家に安置された。奥野は、朝日が信仰した日蓮宗の寺院での葬儀を希望したが、一度は引き受けた妙経寺から断られ、紆余《うよ》曲折の末、西信寺の住職・中村廣道が遺骨を引き受けた。西信寺は浄土宗の寺院であったが、労働団体の人々から懇願されたため、中村が意気に感じて、受託したという。

一〇月四日、西信寺にて告別式が行われた。

安置された遺骨の両脇《りょうわき》には、内田良平、北一輝、藤田勇、薄益三などから供された弔花が並んだ。式には頭山満・内田良平の代理人や葛生《くずう》能久《よしひさ》、労働団体のメンバーなどが詰めかけ、西信寺は会葬者で溢《あふ》れかえった。

告別式の三日後、朝日の兄・儀六が上京した。

儀六は西信寺に参拝し、その夜は奥野と同じ部屋で床についた。朝日の幼き日の想《おも》い出を語り、翌朝、奥野と共に密かに安田善次郎の墓を参った。

この後、親族が上京したことで本葬が執り行われ、遺骨は西信寺の敷地内に埋葬された。

世の反応

事件は、社会に大きな波紋を投げかけた。メディアでは、当初、朝日に対して厳しい内容の報道が続いた。

見出しには、次のようなネガティブな言葉が並んだ。

「国士気取で悲憤慷慨《こうがい》」（東京日日新聞、九月二九日）
「朝日の性格、彼は脅迫狂」（読売新聞、九月三〇日）
「加害者朝日平吾は言語道断の不幸（不孝）者」（九州日報、九月三〇日）

事件の数日後からは安田家の遺産問題に関心がスライドし、逆に富豪に対する妬《ねた》みと反感が高まった。

その過程で、新聞コラムなどの論調が徐々に変化し始めた。

奥野が「加害者たる朝日君を非難するよりも、被害者たる安田翁の生前に対する非難が痛烈であ」ったと記すように［奥野一九二二：一七九］、安田をはじめとする富豪への批判が様々なところで表明されるようになった。次第に朝日の生い立ちや素性、人物像への関心は希薄になり、安田家の遺産相続問題への関心と共に、富豪批判の高揚と朝日への同調・賞賛の声の高まりが見られた。

『やまと新聞』社説では、次のような見解が出された。

曾《かつ》て政治的権勢と心中したるものに星亨《とおる》あり。今は即《すなわ》ち黄金に心中せる一富豪を見る。彼等自身に取つては、寧《むし》ろ名誉の打死と冥土《めいど》の空に微笑しつゝあるやも知れず。敢《あえ》て安田翁の意外なる最期《さいご》を脆《もろ》しとする勿《なか》れ。滔々《とうとう》凡俗、総《すべ》て皆、物慾に活《い》きて、人生を悟らざる動物と相距《あいへだた》る何歩ぞ。現に一国の首相は専ら投票の蓄積と計算以外、全然何事をも解せざるにあらずや。彼が二六時中、議会の投票数を読むは、彼の守銭奴、黄金魔と異るなし。憫然《びんぜん》々々（哀れむべきことである）。

［やまと新聞一九二一・九・三〇］

最後に出てきた「守銭奴」というフレーズは、この頃、安田善次郎に対してしばしば投げかけられた罵倒《ばとう》語であった。ここでは、「黄金に心中」するような富豪に対する厳しい批判的なまなざしが向けられていたことがわかる。

朝日の故郷に近い福岡で刊行されていた『九州日報』では、「世間の富豪家も、亦《また》大《おおい》に戒鑑《かいがん》（戒めとし）猛省すべき義務あることを忘れてはならぬ」とした上で、朝日の犯行を「時代の空気感情から出発した結果の凶行であるに相違ない」と一定の理解を示している［九州日報一九二一・九・三〇］。

ここで重要なのは、『九州日報』の社説執筆者が「時代の空気」という表現を使っている点である。多くの一般大衆がこの事件の頃に感じていたのは、経済が急速に悪化し、貧困問題が深刻化する中で、富の再分配を行おうとしない資本家たちへの不満や苛立《いらだ》ち、閉塞感《へいそくかん》であった。そして、そのような「時代の空気」が、朝日の凶行に一定の理解を示し、彼の存在をヒーロー視する見方の拡大を生み出したのである。

朝日の行為への共感・賞賛は、いわゆる右翼の陣営に限定されたものではなかった。朝日の告別式や葬儀に労働団体の構成員が大挙押し寄せたように、彼の行為はマルキストからアナーキストに至る左翼革新系の活動家にこそ強く支持されたという側面があった。

『第三階級』主監の森田五一は、次のように述べている。

私は朝日平吾が、平常、何《ど》んな理想を有《も》つて居たか、又何んな性質の男であつたかを詳《つまび》かにせぬ。併《しか》し乍《なが》ら新聞紙の伝へるところから推理して見るに、彼の性行は蓋《けだ》し余りに立派な人格者であつた様にも思へぬ。その立派で無い男の殺人行為が正面から論難せらるゝ事少なく、却《かえ》つて安田翁の因業が詳細に暴露せらるゝ、現代の社会は、世の所謂《いわゆる》「富豪」なるものに対して、世人が如何《いか》なる感情を持つて居るかと云ふことを、最もよく説明したものではあるまいか。実際、心ある者にして、一《ひ》と度《たび》心耳を澄《すま》し、現代の社会を観察するの時、黄金呪詛《じゅそ》の声が今や天下に充《み》ち満ちて居る事を、容易に知るであらう。〔森田一九二一：三四六―三四七〕

森田は、このような状況が続けば第二、第三の朝日平吾が出てくることが容易に予想されると論じ、当時の原内閣の無策に対して「反省と責任の自覚」を要求している〔森田一九二一：三五〇〕。

事件直後の九月二九日にも、徳富蘇峰が「今後の社会には必ず大洪水が来る」と書いており、暗殺事件などが続くテロ時代への予兆が示されている〔徳富一九二一：三三八〕。さらに『読売新聞』は「安田翁の死は、明治大正に亘《わた》つての深刻な意義ある死である」として、この事件が時代の重大な転換点となることを予感している〔奥野一九二一：三四五〕。

この頃にはすでに、多くの人が抱える不安や不満、苛立ちが、テロへの共鳴と期待を生んでしまっていたことがわかる。時代の閉塞感が、義憤に基づく「暴力的世直し」を待望する意識を育て、テロへの広範な共感を呼ぶ素地を作り上げていたのである。

そして、約一カ月後。

悲劇は加速する。

原敬暗殺と中岡艮一

一九二一年一一月四日、午後七時二四分。

時の首相・原敬は、七時三〇分発神戸行き急行に乗り込むために、東京駅の駅長室を出た。京都で開かれる政友会の大会に出席する予定だったのである。

駅長と言葉を交わしながら三等待合室（現在の丸の内南口）の前に差し掛かったとき、一人の若者が原めがけて突進してきた。突然の出来事に不意をつかれた原は、若者の体当たりをまともに受けてしまった。

そして、その直後。

原は口元を痙攣《けいれん》させながら、その場に倒れこんだ。同行者が目をやると、若者の手には、短刀が握られていた。

若者の名は、中岡艮一《こんいち》。

当時一八歳で、大塚駅の転轍手《てんてつしゅ》（ポイントマン）を務める青年だった。彼はその場で取り押さえられ、日比谷署に連行された。

原は、駅長室に担ぎ込まれたものの、刺し傷は肺から心臓に達していたため、手の施しようがなかった。

結局、乗車予定時刻の七時三〇分、原は亡《な》くなった。

立志伝中の人物と謳《うた》われた「平民宰相」の衝撃的な最期だった。

中岡の犯行については、背後で大きな組織の力が働いたのではないかという疑惑が浮上したが、裁判では職場の上司である大塚駅助役・橋本栄五郎が殺人教唆《きょうさ》の罪に問われたものの、結局は因果関係が証明されず、彼の単独行動という結論に至った。

犯行の動機やきっかけが、のちの裁判では繰り返し問題となったが、予審の主文では、警察の取調べをもとに次のようなことが記されている。

本年九月二十八日、朝日平吾ガ安田善次郎ヲ暗殺シテ、直チニ自殺シタルコトガ新聞紙上ニ報道セラルヽヤ、被告人艮一ハ痛ク之ニ感激シ、其筆端世評ガ寧ロ朝日ヲ称揚スル傾向アリト思惟シタル折柄、被告人栄五郎ハ艮一ニ対シ、朝日平吾ノ所為ヲ激賞シタルヨリ、被告人艮一ハ己レマタ朝日ニ倣ヒ、原首相ヲ暗殺スベシト云フヤ、被告人栄五郎ハ、大事ヲ決行セントセバ、須《すべから》ク不言実行ノ勇気ナカルベカラズト為シ、艮一ガ徒《いたず》ラニ大言壮語スルノミニシテ実行ノ勇気ナキコトヲ嘲笑《ちょうしょう》シ、又翻《ひるがえ》ツテ将来永《なが》ク鉄道省ニ勤続スルモ、其前途知ルベキノミ。寧《むし》ロ原首相ヲ殪《たお》シテ名ヲ天下ニ揚グルニ如《し》カザル旨、説得シタルヨリ、被告人艮一ハ愈々《いよいよ》感奮シ、熟慮ノ結果、遂《つい》ニ前同月三十日夜深更ニ到《いた》リ、万難ヲ排シテ首相原敬ヲ暗殺センコトヲ決意シ、……。（傍点は引用者）［中岡一九三四：一九―二〇］

ここで重要なことは、中岡の犯行動機の真相はともかく、朝日による安田善次郎刺殺テロ事件が、原敬暗殺の引き金となっている点である。特に、朝日に対して「世評」が「称揚」していることや、信頼する上司が「朝日平吾ノ所為ヲ激賞シタル」ことが、中岡が「己レマタ朝日ニ倣ヒ、原首相ヲ暗殺スベシト云フ」ことにつながったことに注目する必要がある。

中岡は、翌年三月に開かれた第一回公判の中で、裁判長の問いに対して、次のように答えている。

問　そこで愈々原首相を殺さんと決心したのは何時《いつ》か。

答　安田善次郎が朝日平吾に殺され、平吾は其場で自殺したことは、九月二九日の朝、新聞を見たので、其の時、橋本（大塚駅助役）さんは平吾の所為を賞揚し、偉いと言ふたので、其例に倣《なら》つて行《や》らうと決心しました。

（中略）

問　九月二九日朝、橋本は被告にどういふ風に話したか。

答　大塚駅の信号案内で、橋本さんは安田善次郎を攻撃し、朝日平吾の所為を褒めてゐました。其際、「お前より偉ひ者が狙《ねら》つてゐてさへ遣《や》れないのを、お前の様な者が大きな事を言つても、遣れるものか」と申しました。

問　其対談の時、信号室には皆が居たか。

答　左様です。

問　被告は、「死を覚悟してやれば出来ないことは無い」と云つたか。

答　それは慥《たし》かにさう申した記憶があります。

問　被告が原首相を殪すと云ふのは、原首相を殪せば、自分が朝日平吾以上に名声が昇るだらうと云ふ考へであつたか。

答　原内閣を殪すことが第一段で、後世に名を残すことは第二段でありました。

問　どういふ風にして原を殪す考へであつたか。

答　朝日平吾の例があるから、短刀を持つて遣る考へで、其れを遣り損なつたら海軍ナイフで遣る考へでありました。［中岡一九三四：三三―三四］

ここでも中岡は、身近な上司による朝日の評価の高さを犯行のきっかけとして語っている。重ねて、「朝日平吾の例があるから、短刀を持つて遣る考へ」をもったと語り、原敬暗殺テロ事件が安田暗殺テロ事件の模倣であることを明示している。

朝日の行為は、一八歳の見知らぬ青年に波及した。

そして、その背景には、極めて同調的な朝日への評価があり、暴力的な世直しを待望する「時代の空気」の存在があった。朝日のテロを勇気ある行為として賞賛する世論こそが、中岡の犯行を後押ししたのである。

この原敬暗殺テロに対しても、世論は一定の評価を与えた。

右翼方面の人物ばかりが絶賛したのではない。リベラル陣営の側からも、中岡を評価する声が多くあがったのである。

事件当日の夜、岩波書店創業者の岩波茂雄は、若い店員（小林勇）と食事に行き、その席で中岡の行為を絶賛したという。

　先生（岩波茂雄のこと）は大変機嫌がよかった。中岡が原敬を刺したのは偉いといい、原敬の悪いことをさんざんにならべたあとで、君はいくつだときいた。十九だと答えると、それでは中岡と同じ年ではないか、君には到底こんなえらいことはできないだろう、といった。私はたとえ世の中のためになると思っても、人は殺さない、一人の人を殺して自分の命を捨てるような馬鹿なことはしないというと先生は面白そうに笑った。［小林一九六三：二九—三〇］

ここで岩波は、中岡の暗殺テロを「えらいこと」と賞賛し、中岡と同世代の若者に発破をかけている。冗談交じりとはいえ、当時の多くの人が、テロによって閉塞感を打破することに一種の爽快感《そうかいかん》と期待感を抱いていたことがうかがえる。

また、この原暗殺事件には、逆説的な形で朝日への評価を高めることにつながった側面がある。マルクスの『資本論』を日本ではじめて全訳したことで知られる国家社会主義者の高畠素之は、次のように述べている。

安田が刺され原が殺された。世間は今更のやうに彼等の功罪を尋ねたり、受難の当否を論じたりしてゐる。安田の場合には彼れが一介の守銭奴に過ぎぬといふ事によつて、彼れの兇死《きょうし》は当然であるかの如《ごと》く論ぜられ、其暗殺者に対しては志士的な名誉が与へられたやうだ。然《しか》るに原の場合には、事情は自ら異つて来てゐる。彼れは兎《と》も角《かく》も一国の宰相であつた。彼れには世人の尊敬に価《あたい》する人格があつた。従つて彼れの死は一般に哀惜され、暗殺者は前の場合とは自《おのずか》ら異つた待遇を受けてゐる。尤《もっと》も是《これ》には、前の刺客が自ら割腹してゐるに反し、後者はそのまま囹圄《れいぎょ》（獄舎）の人となつてゐると云ふ事も関係してゐやう。［高畠一九二一・一二〇三―一二〇四］

安田は「守銭奴」と見なす者も多い。だが、原は「尊敬に価する人格」と考えられていたため、朝日平吾に「志士的な名誉」が与えられる一方、中岡良一は「異つた待遇を受けてゐる」という。そして、朝日がテロ事件直後に自死したのに対し、中岡は命を絶つことなく逮捕されたことも、その評価に大きくかかわっていると指摘している。

その場で自死した朝日と、生きて捕えられた中岡。

この二人の対照性が、朝日のテロ行為に対する賞賛を高める結果となったのである。

宮嶋資夫『金』と吉野作造

朝日のテロ行為は、文学作品のモチーフとなり、左派・革新系の文学者によって礼《らい》賛《さん》されることになる。

安田善次郎刺殺テロ事件を素材として長編小説を書いたのは、宮嶋資夫《すけお》。『坑夫』などで知られる「大正労働文学」を代表する作家である。

宮嶋は一九二六年四月、『金』という作品を上梓《じょうし》した。

ここには第一次大戦後の日本で株式相場を操作し、巨大な利益を得る株仲買人や実業家の存在が描かれる。彼らの容赦ない利益の追求が、多くの人に損失を与え、絶望の淵《ふち》へと追いやるプロセスがストーリーの一つの軸となっている。

この小説の主人公は杉中という青年である。彼は、父の会社が安達という老齢の実業家の策謀によって倒産に追い込まれた経験を持つ。相場師となって安達への復讐《ふくしゅう》を画策するが、なかなかうまくいかない。さらに、友人の恋愛と家族問題にかかわり奔走するが、自らがトラブルに巻き込まれ、警察に拘束される。

そんな折、杉中は長森という青年と出会い、彼の純真な生き方に共鳴する。杉中は、その過程で守銭奴の安達を暗殺し、社会の害を取り除くべきことを志向する。そして、遂に杉中は安達のもとを訪れ、彼を殺害し、自らもその場で自死を遂げる。

この小説は、当時、左派活動家やジャーナリストの間で話題となり、高畠素之や下田将美《まさみ》が新聞紙上に書評を書いた。

日本を代表するダダイスト・辻潤は、『金』の読後感想を宮嶋に送っている。

辻は「小説家宮嶋資夫万歳を三唱す。君、意を強ふして可なり」と絶賛した上で、次のように述べる。

> この小説の価値は人物の描写とか技巧とか云ふやうな（勿論、それがダメなら問題にならず）点ではなく、この作品を一貫して流れてゐる作者の熱情にある。つまり、作者の人道的熱情が一番、貴いと思はれる。この見地から云へばこれは単なる小説、所謂《いわゆる》娯楽的読物ではない。作者の強い道義的感情に打たれない人間はこの小説の読者ではない。［辻一九八三：一］

このような『金』への評価を、朝日平吾の時代的位置づけにまで敷衍《ふえん》して論じた政治学者がいた。

吉野作造である。

彼は、『中央公論』一九二六年七月号に「宮島《ママ》資夫君の『金』を読む」と題した論考を発表した。

吉野はこの冒頭で、『金』の価値を「単に面白いばかりでは済まされぬ」とし、「私のやうに現代を一歴史事実として研究せんとするものに取て本書は一つの重要なる参考文献を為すと考へ」られるとする〔吉野一九九五：三三二〕。

彼は、『金』のあらすじを紹介した後、次のように言う。

> 読者は直にこの話から、先年安田善次郎翁を殺した一青年朝日平吾を連想するだらう。著者の真意の何に在りやは別問題として、私は兎に角あの異常なる事件の一解釈として、実は本書を歴史研究の一文献と見做《みな》して居るのである。〔吉野一九九五：三三五〕

吉野は続ける。

> 先年朝日平吾なる一青年が安田翁を殺したといふ報道を新聞で読んだとき、私には何となく之《これ》が普通の殺人でないやうに思はれた。寄附を求めて応ぜず怒りに任せて殺したといふ風に報じたのもあつたが、それにしては朝日の態度が立派過ぎる。事柄の善悪は別として、之には何か深い社会的乃至《ないし》道義的の意義がなくてはならぬ。殊《こと》に安田翁が如何にしてかの暴富を作つたかを思ふとき、社会の一角に義憤を起すもののあるも怪むに足らぬと平素考へて居た私には、どうしても朝日をば時代の産んだ一畸《き》形児《けいじ》としか考へられなかつた。斯《か》くて私は朝日といふ人物に就《つい》てはひそかに一個の勝手な解釈を有《も》つて居たのであつた。［吉野一九九五：三三五］

ここで吉野は、朝日の存在を時代のかたちづくった者であると位置づけている。そして、彼の犯行には「何か深い社会的乃至道義的の意義がなくてはならぬ」とし、安田善次郎刺殺テロ事件の社会的意義を考察する必要があると強調している。

吉野は言う。

一部の人の間に朝日を激賞するの声があがるのを聞いた。併《しか》し其《そ》の言ふ所は、朝日の古武士的な犠牲的の精神を揚ぐるに偏し、その思想の社会的由来に関しては殆《ほと》んど全く目を掩《おお》ふて居るかに思はれた。之《これ》では彼に封建時代の衣物《きもの》を着せて舞台に立たしめただけに止《とど》まり、断じて現代の活社会に彼を活かす所以《ゆえん》にはならない。この点に頗《すこぶ》る遺憾の情を懐《いだ》いて居ったのに、今宮島《ママ》君の新解釈に接し、始めて私は快心の共鳴を感ずることを得た。〔吉野一九九五：三三六〕

吉野の見るところ、朝日のテロ事件の重要なポイントは「古武士的な犠牲的の精神」などではなく、この時代が抱える新しい問題を象徴している点にこそある。そう理解しなければ、「現代の活社会に彼を活かす所以にはならない」。そして、そのような視点を、宮嶋の『金』という作品は、極めて鮮明に打ち出しているというのである。

斯《か》くいへばとて私は、安田翁を殺したのを当然だなどといふのではない。朝日の行動には徹頭徹尾反対だ。ことに一安田翁を除くことに依《よっ》て直に社会を救ふを得べしと考へた短見は憫笑《びんしょう》の至りに堪へぬ。けれどもあの時代に朝日平吾が生れたと云ふその社会的背景に至ては、深く我々を考へさせずには置かぬものがある。

日本の青年には今日なほ幾分古武士的精神が残つて居る。不義を懲《こ》らす為には時に一命をすてゝ惜まない。加之《しかのみならず》一方には富の配分に関する新しき理想にも動いて居る。此時に当り社会の上流に金の為には何事を為すも辞せぬといふ貪慾な実業家があるとしたなら、この古武士的精神と新時代の理想との混血児たる今日の青年が、物に激して何事を仕出来《しでか》すか分つたものでない。斯かる形勢は我々（は）よく之を理解しておくの必要がある。又世人をしてよく之を理解せしめておかなければならない。こゝに『金』の公刊が、今日の時代に方《あた》り、文芸的作品としての外に、更に一つの特殊なる使命をもつ所以があると考へるのである。

［吉野一九九五：三三九―三四〇］

吉野が注目しているのは、「あの時代に朝日平吾が生れたと云ふその社会的背景」である。なぜ、朝日がこの事件を起こしたのか。その社会的背景を探らなければならないと、彼は繰り返し論じている。

吉野はここで「富の配分に関する新しき理想」や「新時代の理想」という言葉を使っている。彼は、資本主義の行き過ぎを是正し、ヒューマニズムに基づく平等社会の実現を目指す流れを「新時代の理想」として掬《すく》い上げようとしている。そして、その理想に生きようとした一青年の姿を、朝日平吾に見ようとしているのである。

論考の最後で、吉野は宮嶋作品に対して、一つの批判を行っている。

> 強《しい》て難をいへば、この杉中の性格が少しく書き足りなくはないかと考へられる。あれ丈《だけ》の大事を決行する人間だ。而《しか》も一時の憤激に出づるのではない。然《しか》らばも少しそこに深い煩悶《はんもん》があってい、筈《はず》だと思ふ。殺さねばならぬ道理上の決心と益々《ますます》之を実行に移すまでの間には、偉い人程、又本当の人間であればあるだけ、そこに深刻なる煩悶がなければならない。考へたことをすぐ実行するやうな者に碌《ろく》な奴はない。蓋《けだ》し不義を除いたといふことそれ自身に偉いものがあるのではなく、已《や》むに已まれずして不義を除いたその血涙滴るばかりの内面的争闘に貴いものがあるのである。斯く考へると、杉中に対する著者の解釈は少しく安価に過ぎはせぬか。別の言葉でいへば、大体の見当は誤らざるも、描写に深刻味が足りぬといふべきではないかと考へる。（傍点は引用者）〔吉野一九九五：三四一〕

この吉野の指摘は、極めて鋭く、かつ重要である。

吉野は、杉中についての描写に「深刻味が足りぬ」と明確に不満を表している。なぜなら、「新時代の理想」をもち、自分の命を絶ってまでテロ事件を起こす人間には、「そこに深刻なる煩悶がなければならない」からであり、「已むに已まれずして不義を除いたその血涙滴るばかりの内面的争闘に貴いものがある」からである。

吉野はここで、この時代の若きテロリストの精神に「深刻なる煩悶」や「血涙滴るばかりの内面的争闘」を見ようとしている。その煩悶や内面的争闘が、いかにテロという暴力と結びついたのかという側面こそ、文学者が描かなければならないと主張しているのである。

吉野が見つめようとしたのは、新しい世代の内的煩悶と「新時代の理想」の関係であった。そして、そこに存在する時代の趨勢《すうせい》と「社会的背景」であった。「安田翁が如何にしてかの暴富を作ったかを思ふとき、社会の一角に義憤を起すものあるも怪むに足らぬと平素考へて居た」吉野は朝日のテロ事件をモチーフとした宮嶋の『金』に強く反応しつつも、その暗殺者の内面描写の安易さに、強い苛立ちを覚えたのである。

吉野は、極めて鋭い嗅覚《きゅうかく》と文学精神を有した政治学者であった。

昭和維新テロへ

このように、朝日平吾によるテロ事件は様々なところに影響を与え、時代の転換点の意味を深めていった。

深刻な貧困問題が顕在化したとき、それに向き合おうとしない資本家への遺恨は、一種のヒューマニズムに基づく「新時代の理想」を生み出し、革新勢力を活気付けた。彼らは、様々な手段で国家改造を模索し、平等社会の実現を夢見た。時に手段としての暴力を容認し、テロリズムを讃《たた》えた。

彼らの想いの背景には、大正期に青春期を迎えた若者たち特有の煩悶があった。彼らは生きることの根元的苦悩を共有し、その拠《よ》り所を文学や哲学、宗教、イデオロギー、政治活動などに求めた。そして、そのような者の群れの中に、朝日平吾という鬱屈を抱えた青年が存在したのである。

朝日の存在感は、死後、革新的日本主義者の中でも大きくなっていった。

その一つの出来事が、いわゆる「安田共済生命事件」である。

一九二五年八月に起こった安田共済生命の「お家騒動」で、社長の安田善四郎と安田財閥本社の安田保善社専務で安田銀行の副頭取の結城《ゆうき》豊太郎が対立し、会社の近代化を進めたい結城派が社長派の追い出しを画策した。社長派の中に、大川周明の影響下にあった千倉武夫がいたことから、大川率いる行地社がこの騒動に介入し、妥協点を模索した。しかし、当時、大川から距離をとっていた北一輝がもう一方の結城派のほうに接近し、紛争解決のための示談金を受け取ったことから、お家騒動が大川と北の確執につながったのである。

このお家騒動への介入に際して、北一輝の配下にあった清水行之助は、北のもとに保管されてあった朝日平吾の「血染めの衣」を持ち出し、結城から報酬を脅し取ろうとした。

清水の行為に対して、北は不満の意を表明した。

それが、一〇月一〇日に書かれた「朝日平吾霊前への書翰《しょかん》」である。

これは北一輝が、霊となった朝日平吾に対して「君」と呼びかける形で書かれたもので、終始、安田共済生命をめぐる一連の騒動を嘆く内容が続いている。

文章は次のように始まる。

近七五ノ事、安田問題ヲ導火線トシテ、同志悉《ことごと》ク自恃《じじ》凌犯《りょうはん》（自らをたのみ他人の領分をおかす）ノ本性ヲ露呈シ、不肖ノ絶望悲憤、殆ド幾年覚エザル所ナリ。独酌痛飲シテ而《しか》モ眠ヲナサザル三夜、不肖自ラノ超越放胆ニモ似ザル甚シト恥《は》ヂジガ、今明カニ君ノ霊魂ノ憑依《ひょうい》シテ然《しか》ラシメシ所ナルヲ見、痛憤ノ涙、亦《また》新タニ九腸寸断ニ堪ヘズ。［北一九八四：六六七］

オカルティズムに傾倒していた北は、ここで朝日の霊魂が自分に憑依したと述べ、憑依した朝日とともに、悲しみと怒りの涙を流していると記している。

これに続けて、北は朝日を礼賛する。

然《しか》リ古今東西ノ史上刺客トシテ、心事行動ノ玲瓏剛毅《れいろうごうき》、君ニ比肩《ひけん》スベキ者アリシカ、人ヲ嗾使《そうし》シテ仇ヲ窺《うかが》ハシムル者アリ、敵ヲ刺シテ逃ル、者アリ、不幸捕ハル者アリ、君ノ如ク彼ヲ仆《たお》セシ刃ヲ翻ヘシテ己レヲ屠《ほふ》リシ者ヲ見ズ。［北一九八四：六六七］

北はここで、朝日が古今東西の刺客の中でも比類なき存在であると絶賛している。

そしてそれは、彼が逃げも捕まりもせず、暗殺後すぐに自死を遂げたからであると述べている。

――その朝日は、一連の騒動による同志間の対立と脅迫まがいの金品の授受をどうみているのだろうか。

そう嘆く北は、次のように語る。

> 然ルニ、君ノ事アリテ以来、口ニ革命改造ヲ言ヒ、筆ニ正義国家ヲ述ブル者、安田門戸ニ群ガリ行キテ金品ヲ乞《こ》ハザル者ナシ。不肖常ニ心之ヲ憎ミ君ノ霊魂ノ聖光ヲ汚濁スル者トシテ、道義地ニ委スノ歎声《たんせい》ヲ洩《も》ラスコト屢々ナリキ。（中略）嗚呼《ああ》当年、我レ君ヲ泣ケリ、君今我レヲ泣クカ。連夜ノ涙、連日ノ怒、今ニシテ知ル、是レ実ニ君其人ナリキ。〔北一九八四：六六七〕

北は、朝日の霊と一体になって、安田共済生命事件を嘆いている。当事者である北が、朝日の霊と語るかたちをとって、超越的立場から一連の騒動を総括していると見ることができよう。

北は、次のようにも言う。

> 嗚呼此ノ北一輝ノ心ハ、幾年幾月、君ノ命日毎《ごと》ニ、或ハ悲シミ、或ハ怒リツ、経前ニ君ノ安楽作仏ヲ祈リ、君ノ冥々《めいめい》ノ加護ヲ禱《いの》レルナリキ。［北一九八四：六六八］

北は朝日の命日には、必ず祈りをささげ、悲しみと怒りを共有していると述べている。

自らの身に憑依する朝日の霊に捧《ささ》げたかたちをとりながら、いかに自分が朝日の想いを受けて、祈り、怒り、悲しんでいるのかということを述べている。書簡の封書には「辰川龍之助殿ニ委託便事」と書かれており［北一九八四：七一八］、朝日の霊前に捧げたというよりは、革新系日本主義者たちに対して、北の立場を示すために書かれた文書と見るのが妥当であろう。

ここで重要なのは、北一輝の安田共済生命事件への対応のあり方そのものではない。真に注目すべきは、北によって繰り返し「朝日平吾の霊」が語られることで、朝日のテロ行為が規範化され、彼の存在が死後に崇敬の対象となっていったことである。「朝日平吾霊前への書翰」は、最終的に影山正治の手に渡り、大切に保管された［北一九八四：七二八］。影山は「大東塾」塾長として活躍した右翼思想家で、神兵隊事件（一九三三年）や米内《よない》光政首相暗殺計画（一九四〇年）にかかわった人物である。

北によって過剰なまでに讃えられ、繰り返し言及された朝日平吾は、日本主義者の間で、国士として、時と共にそのプレゼンスを高めていった。

実存的問いの延長上に位置づけられた新タイプの暗殺テロ・クーデター事件は、一九三〇年代に入って常習化してゆく。

――浜口雄《お》幸《さち》首相狙撃事件（一九三〇年一一月一四日）。三月事件、一〇月事件（一九三一年）。血盟団事件（一九三二年二月・三月）。五・一五事件（一九三二年）。神兵隊事件（一九三三年七月一一日発覚）。二・二六事件（一九三六年）。

閉塞感を暴力で一気に打ち破ろうとするテロ・クーデターの頻発は、逆説的に国民生活における統制を強め、彼らが打ち倒そうとした権力の肥大化を招いていった。非合法的暴力を取り締まるための合法的暴力が強化されるとき、国民生活は萎縮《いしゅく》し、言論やイデオロギーが取り締まりの対象とされる。テロやクーデターが起これば起こるほど、国家による治安維持と国民統制の力学は加速していく。左右双方の革新思想は弾圧され、国民生活はますます疲弊していく。

そんな状況が、一九三〇年代に進行することとなった。

朝日平吾が蒔《ま》いた種が、じわりじわりとグロテスクな花を咲かせていったのである。

おわりに——二〇〇九年六月

私は、再び朝日平吾の墓の前に立った。

もう、これで何度目だろう。

東京に行くたびに、ここに立って、朝日の想《おも》いを感じようとした。朝日の鬱屈《うっくつ》に、少しでも近づこうとしてきた。

現在の私は三四歳。

彼が自死したのは三一歳。

年齢的にほとんど、変わらない。

私が、ようやく大学の職につくことができたのは、朝日が自死した三一歳のときだった。それまでの私は、自分が研究者として生きていくことができるのか、不安だった。「本当にこの世界でやっていけるのだろうか」と、何度も考え込むことがあった。

そんなときは、いつも心がささくれだった。ちょっとしたことに過敏になり、身近な者に不満をぶつけることもあった。自分の中に潜む攻撃性に、しばしばはっとさせられた。私の中に「溜《た》め」がなかった。

「だから朝日のことはよくわかる」などと、簡単には言いたくない。

けれど、どこかで彼の不安や不満、鬱屈は理解できる気がする。彼の実存的不安は、数年前の自分の不安と地続きだという気がする。私の中にも、間違いなくグロテスクな感情が存在する。人に認められたいという欲望が、渦巻いている。

そんなことを思いながら、何度も彼の墓の前に立った。

朝日の墓を訪れる人は、めったにいない。墓前に花が供えられていたのを、私は見たことがない。朝日のことを知る人など、現代日本にはほとんどいないのだろう。

それはそうだと思う。

彼の名が教科書に記されているわけでもなく、小説やノンフィクションで頻繁に取り上げられるような人物でもない。

「誰も朝日のことを知らない」と、したり顔で語るつもりはない。

しかし、大きな時代の「切れめ」となったテロ事件を起こした人物としては、その生い立ちや人生の軌跡、その思想や行動原理について顧みられる機会があまりにも少なすぎたのではないかとは思う。

朝日平吾は、右翼・民族派の活動家の中では、知られた存在である。戦前も戦後も変わりない。テロを起こした後、潔《いさぎよ》く自分の命を絶った行動が、右翼にとっては規範的なモデルとなるのであろう。だから、その名に言及する人は、意外と多くいる。

一方、彼の感情や実存的不安は、ほとんど振り返られることがなかった。名前ばかりがひとり歩きし、実像が空虚なまま崇敬ばかりされてきたことも事実である。

その証拠に、この二十数年間、西信寺の朝日の遺品にアクセスしようとした者は、全くいない。最後にアクセスしたのが、「はじめに」で述べたK氏であり、彼が史料を持ち出して以降、その存在を気に留める人は、西信寺関係者の他、存在しなかった。

（だから、私はK氏に会って、話を聞いてみたい。）

ただ僅《わず》かであるが、朝日の存在に注目し、内在的批評を試みようとした人物が、研究者の中にも存在した。

橋川文三である。

前述の通り、橋川は『昭和維新試論』や「昭和超国家主義の諸相」などの中で、朝日のパーソナリティに注目し、彼の内的問いとテロ行為の関係性について、鋭い指摘を行った。二〇歳の私は、その記述に心を奪われ、以後、橋川の文章を読み漁《あさ》った。橋川は朝日を論じた文章の中で、朝日以降のテロリストと明治期のテロリストとの違いを強調する。

> かつて大久保利通暗殺や大隈重信襲撃をその典型と見るべき明治時代のテロリズムが、主として政治権力のろう断に対する士族反対派の行動という意味をもったのに対し、朝日の場合には、その動機に微妙な変化があらわれているということである。前者は、むしろ自ら権力支配の資格を主張しうるものたちの義憤に根ざしていたが、後者はむしろ被支配者の資格において、支配されるものたちの平等＝平均化を求めるものの欲求に根ざしているというニュアンスの差がある。
> ［橋川二〇〇七：一一―一二］

　橋川は、朝日にはかつての右翼志士たちに見られる戦士としての勇敢さや仁義の実現という発想は存在せず、個人的な「怨恨《えんこん》と憂鬱」や「たんに人間らしい生き方」をしたいというナイーブな欲求がテロの動機となっていることを指摘している［橋川二〇〇七：一二―一五］。

　橋川いわく、「死ノ叫声」に現れた思想・心情は「敵とさし違えようとする勇壮な戦士のそれというより、自己の無力感をしたたかに嘗《な》めた非人の怨恨と憂鬱に結びついた発想」だった。朝日の言葉の中に見られるのは「社会と人間への強い不信感から来る神経症的緊張」であり、その「過敏な精神に映じた人間不幸の根源こそ、『真正の日本人』として大衆が平等に享有《きょうゆう》すべき生活上の幸福を収奪、蹂躙《じゅうりん》してはばからない世の一切の特権者層であった」［橋川二〇〇七：一二—一五］。

橋川の見るところ、朝日のパーソナリティの特徴は「その感傷性とラジカルな被害者意識の混合」である。「彼のその不幸感はしばしば周囲の人々に対する理不尽異常な攻撃衝動となってあらわれているが、そこにはほとんど精神病理的な様相さえあった」［橋川一九九四：一二三］。

朝日は、「近代日本人にとって、ある意味では未知というべき感受性」を有していた［橋川二〇〇七：一五］。そして、そのような感受性こそが、「いわゆる維新者たちの人間性に多く共通してみられる」ような「一種不幸な悲哀感」につながっているとする［橋川二〇〇七：一六］。朝日は「その最初の徴候」であり、「新しい様相の発現」であった［橋川一九九四：一一—一三］。のちに血盟団事件を主導する井上日召などは、「朝日の中にあらわれた大正期テロリストのパースナリティのより徹底したもの」と見るべきである［橋川一九九四：一一〇］。

昭和維新運動を展開したテロリストたちの原点を朝日の中に見出《みいだ》し、その特徴が明治期のテロリストと質的な差異を有していると論じた橋川は、間違いなく昭和維新運動の核心をつかんでいた。橋川は、昭和維新思想の核となっていった「超国家主義」の中には「たんに国家主義の極端形態というばかりでなく、むしろなんらかの形で、現実の国家を超越した価値を追及するという形態が含まれていることを言ってもよいであろう」と述べ［橋川一九九四：五四］、そこで追求された思想は「国家を超えた人間のヴィジョンに訴えるもの」であったと論じている［橋川一九九四：四七］。

私は、このような橋川の視点に大きく影響を受け、日本近代の思想を研究してきた。だから、朝日平吾を研究したいと思った。橋川が積み残した朝日平吾研究という課題を、引き受けてみたいと思った。

それは単なる日本近代史への興味や橋川へのレクイエムなどではなく、現代日本を直視するためのアクチュアルな作業そのものだと、私は捉《とら》えた。

「はじめに」で述べたように、朝日平吾のことを思い出したのは、赤木智弘の「希望は、戦争」論を読んだときであった。この論考を読んだとき、上の世代と我々の世代の「切れめ」をはっきりと認識した。もしかするとこれからの日本社会の歩みの大きな断層を示しているのではないかと直感した。

私を含む一九七〇年代から八〇年代前半生まれの人間は、「ロスジェネ世代」と称される。

団塊ジュニアを筆頭に、人数が多いにもかかわらずポストバブルの就職氷河期に青年期を迎え、新自由主義社会の中で不安定な経済的立場に追いやられたのが我々である。

その世代の中から、朝日平吾の鬱屈と極めて似た感性が間違いなく表れてきている。

そして、それが直接的な暴力や、暴力的な想像力へとつながっている。

——今こそ、朝日平吾の半生と彼の死後に日本が辿《たど》ってきた歴史をじっくりと見つめる必要がある。

私は、そう考えた。

安田善次郎刺殺テロ事件が起きたとき、時代はどのように反応したのか。その結果、どのような歴史が展開していったのか。

私たちの見つめるべき指標は、約九〇年前の日本の中にあるはずである。

当時の日本社会は、厳しい不況の中、労働運動が激しくなり、富豪への批判が高まっていた。構造的に貧困を作り出す社会への批判が大きくなり、革新主義者の活動が活発になった。一九一七年に刊行された河上肇の『貧乏物語』がベストセラーとなり、一九二九年には小林多喜二が「蟹工船《かにこうせん》」を執筆した。

朝日が起こしたテロ事件は、富豪に対する批判として多くの人に受け止められ、閉《へい》塞《そく》感《かん》を打ち破る世直しテロへの共感を広めた。そこで生まれた朝日への表面的な共感とテロへの同調は、朝日の実存に迫る内在的批評を阻害した。結果、事件の一カ月後には、朝日の行為に影響を受けた中岡艮一が原首相を暗殺し、以降、一九三〇年代を通じてテロ・クーデターという暴力が頻発した。その反動として、テロのようなイリーガル（非合法）な暴力を封じ込めるための治安維持権力の肥大化を招来し、剝《む》き出しの国家暴力が折々に発露されることとなった。

テロやクーデターは、必ずや国家の治安維持的暴力を肥大化させる。だから、賢い方法ではない。しかし、剝き出しの資本主義が人間の生存を脅《おびや》かし、その実存までも揺るがすとき、社会の片隅から漏れ出した鬱屈が、テロリズムという凶行となって表出する。「自己であることの欲望」がそのまま暴力へとつながってしまう。そして、そのような暴力を、社会が「世直し」と捉えるとき、悲劇は時代と共に加速していく。

私たちが、朝日平吾以降の歴史の顚末《てんまつ》から学ぶべきことは、実に多い。

私は、現代日本社会でテロが起きてほしくない。本当に起きてほしくない。

しかし、このままでは、安田善次郎刺殺事件のような出来事が起きてしまう可能性が充分にある。

だから、そんなテロが起きないように、社会を立て直していかなければならない。多くの人の居場所を作っていかなければならない。承認格差が是正されるような社会のあり方を構想し、実現を目指していかなくてはならない。「社会的包摂」や「地域社会の相互扶助」を本気で考えなければならない。

しかし、万が一ということも考えなければならない段階に、日本社会は差し掛かっている。

不幸にもテロが起きてしまったとき、私たちはもう一度、朝日平吾以降の歴史のプロセスに遡行《そこう》して、現代社会を見つめなおす必要がある。朝日以降の社会が、テロの連鎖を生んでいったプロセスを直視し、その結果がいかなる悲劇を招いたかを知らなければならない。

——「希望は、テロ」。

私たちは、その一歩手前に立っている。

あとがき

この半年間、朝日平吾の足跡を辿《たど》る旅を繰り返した。

彼の実家があった長崎県佐世保の三ヶ町商店街では、何度も朝日の苛立《いらだ》ちを想《おも》った。父に認められないことへの恨み。母から疎外《そがい》されることへの憎しみ。社会から爪弾《つまはじ》きにされたことへの怨念《おんねん》。

「朝日茶舗」の跡地前に立つと、時を越えた鬱屈《うっくつ》が全身に伝わってくるような気がした。

佐世保では近年、グロテスクな事件が相次いでいる。

二〇〇四年の「小六女児同級生殺害事件」。二〇〇七年の「スポーツクラブ散弾銃乱射事件」。

これらの事件と朝日のテロ事件は、何の関連性もない。にもかかわらず、この地方都市の陰鬱さには、抜き差しならない切迫感が伝染しているように思える。間延びした商店街をとぼとぼと歩いていると、向こうから鬱屈した朝日が歩いてくるような錯覚に襲われる。

朝日の生まれ故郷の佐賀県嬉野《うれしの》には、のどかで美しい畑が広がっていた。川の流れは、当時のままなのだろう。せせらぎは、幼少期の彼が聞いた音とほとんど変わっていないはずである。

古い鳥居。畦道《あぜみち》。茶畑……。

朝日は死の前に、この風景を思い出したのであろうか。

最後の下宿・西濃館があった本郷へは、何度も足を運んだ。

西濃館の跡地にたたずみ、私はじっと彼の心に思いをはせた。

——暑い夏の最中、六畳間に敷いた布団《ふとん》にこもり、独りテロを決意した心境はどんなものだったのだろうか。

私の脳裏には、パソコンのキーボードに苛立ちをたたきつけ、ネット上で他者をバッシングする同世代の青年の姿ばかりが、いつもいつも思い浮かんだ。朝日平吾の風景が、現在の風景と重なり合う。

それは、私の思い込みの反映なのだろう。「考えすぎだ」と言われるに違いない。

しかし私には、この二重写しの風景が重いリアリティをもって迫ってきた。

秋葉原事件、元厚生事務次官宅連続襲撃事件、中央大学教授刺殺事件……。

近年、社会からの強い疎外感を抱えた者による殺人事件が頻発している。彼らの不幸感や苛立ち、そして承認欲求には、間違いなく共通の土台がある。そして、そのネガティブな情熱は、朝日平吾の感情と通底しているように思う。

このような鬱屈を解消させる方策など、私には思いつかない。まずは社会の包摂力を高めるべきだと思うが、それで彼らの苛立ちが収まるとは思えない。

政治の力によって一挙に解決できるような問題ではないだろう。むしろ、政治的に彼らの鬱屈の埋め合わせをしようとすることには、大きな危険性が伴う。

政治が敵意のはけ口を設定することによって、人々にカタルシスをもたらすことは可能だ。既得権益を叩《たた》き、隣国の国民を叩けば、ある程度すっきりするだろう。しかし、そのようなカタルシスは社会を好転させることには繋《つな》がらず、より大きく具体的な暴力を引き寄せることになる。

そんな現実とぶつかったとき、私にできることは、同様の問題を抱えた時代の歴史を振り返ることだった。歴史を謙虚に見つめることによって、私たちの時代を相対化する指標を獲得する重要性を改めて思い直した。やはり歴史と向き合うしかないと思った。

だから、本書を書いた。

つらかった。

これほど重苦しい執筆は、これまで経験したことがなかった。

同時に、強い充実感を保ち続けることのできる体験でもあった。朝日平吾の心に肉薄することへの探究心と恐怖心が常にぶつかりながら、少しずつ前に進んでいく日々だった。

朝日平吾は、私の心にずっと残り続けるだろう。それは現代社会を見つめる指標でもあり、グロテスクな人間としての自己を見つめるための指標でもある。

本書を執筆するにあたっては、様々な方にお世話になった。特に西信寺の佐々木眞知子さん、佐々木陽穂さんには格段のご尽力をいただいた。心から御礼を申し上げたい。

また、私の研究環境を支えてくださっている北海道大学の関係者の方々、私の議論に付き合ってくれている学生のみなさん、そして「社会的包摂」確立のための様々な取り組みを共にする札幌市西区のみなさん（特に「西野厨房《ちゅうぼう》だんらん」の堀川淳子さん、「くすみ書房」の久住邦晴さん、発寒《はっさむ》商店街の皆さん、三角山放送局の皆さん）に心から感謝したい。大阪生まれの大阪育ちの私だが、札幌は私にとって、最早かけがえのない根拠地である。

最後に、本書の編集を担当くださった筑摩書房の石島裕之さんに、心から感謝を申し上げたい。

中島岳志

文庫版あとがき

本書を上梓《じょうし》したのは二〇〇九年。一三年前のことである。

この時、私は「テロが起きてほしくない」と書いた。「このままでは、安田善次郎刺殺事件のような出来事が起きてしまう可能性が充分にある」とも書いた。秋葉原事件を受け、現代日本でも深刻な政治テロが起きかねないという切迫感があった。

そして、二〇二二年七月、安倍元首相殺害事件が起きた。いや、「起きてしまった」と言ったほうが正確である。本書を書いたときに懸念《けねん》したことが、現実のものとなった。懸念していた最悪の事態に直面したのである。

テロは往々にして連鎖を生み出す。戦前の日本は、暴力の連鎖によって治安維持権力が肥大化し、社会が萎縮していった。人々は過度に監視権力を恐れ、自主規制が世に蔓延《まんえん》していった。その中で、ジャーナリズムが権力に接近してゆくという流れも起きる。

第六章で述べたように、安田善次郎刺殺事件については、事件に至るプロセスと共に、事件後の展開に注目する必要がある。事件直後の報道は、朝日に対する非難一色だった。生前の粗暴な素行が問題視され、厳しい見解が相次いだ。しかし、時がたつにつれて、安田家の遺産問題がクローズアップされるようになると、報道は一転し、「安田は守銭奴」といった財閥批判が主流を占めるようになった。その過程で、朝日に対する共感が示され、格差問題を可視化させた存在として、半ばヒーロー扱いされるようになった。

これがテロの連鎖につながった。安田刺殺事件から約一カ月後、東京駅で時の首相・原敬が暗殺された。犯人の中岡艮一《こんいち》は、大塚駅で働く労働者で、信頼する上司が朝日平吾の犯行を称賛していることに影響を受けたと供述した。

一連の過程は、現在の我々に多くの示唆《しさ》を与えてくれる。安倍元首相殺害事件直後は、山上徹也容疑者に対するネガティブな報道が相次いだが、彼の怒りが旧統一教会による家庭崩壊に向けられていたことが鮮明になってくると、世の中の関心の中心は旧統一教会の実態と自民党議員との関係にシフトし、旧統一教会問題を可視化させた山上容疑者に対する同情と共感が寄せられるようになった。

安倍元首相殺害事件の直後、私はある若者から、次のような感想を聞かされた。

――「社会を変えるには、こういう手があったかと目を見開かされた」

選挙で投票しても、デモに参加しても、何ひとつ変わらない。現在の若者が置かれた立場は脆弱《ぜいじゃく》で、失敗したとたんに、自己責任という言葉を四方八方から浴びせられる。そもそも自分自身も、生きづらさを抱えている。将来が不安で仕方がない。自分が認められない状況にも、強い不満がある。この世の中を一発逆転で変えるには、テロしかないんじゃないか。山上容疑者の行動を見て、そう思ったと言うのである。

「社会を変えるためにはテロを実行するしかない」。そんな想像力が、閉塞感《へいそくかん》が蔓延する中、一部の人たちの間で湧《わ》き上がっている。ネット上では「山上徹也容疑者の減刑を求める署名」キャンペーンが展開され、多くの賛同者を生み出している。山上容疑者を英雄視する論調もみられる。

これは危ない。

テロリズムやクーデターのような非合法の暴力が発動されると、それを押さえつけようと国家の治安維持権力が起動する。一九二五年には治安維持法が制定され、共産主義者の一斉検挙や右翼活動家への監視が強化された。

一九三〇年には浜口雄幸《おさち》首相が銃撃され、約九カ月後に死亡した。一九三二年には血盟団事件、五・一五事件とテロリズムが相次いだ。これにより政党政治は終焉《しゅうえん》を迎え、軍部や警察権力の強化と共に、言論の自由が圧迫されていった。

治安維持権力の拡大は、私たちの不安と直結している。テロが連鎖し、国民の多くが恐怖心を抱くと、様々な監視や取り締まりを求めるようになる。安全な日常を確保してほしいという切実な願望が、監視権力の肥大化を容認していく。

すでに「秘密保護法」や「テロ等準備罪」が成立しており、デジタル庁も発足している。「テロ等準備罪」は運用規定があいまいで、裁量次第で様々な適用が可能になっている。

私たちは歴史に学ぶ必要がある。「パンドラの箱」はいかにして開かれたのか。安田善次郎刺殺事件が、その後の日本をどのように変えてしまったのか。

約一〇〇年前に起きた事件とその顛末《てんまつ》は、私たちの重要な道標になる。

テロリストの歩みを見つめることは重要である。しかし、テロリストを英雄視してはならない。

社会における格差を、拡大してはならない。

同じ道を歩んではならない。

二〇二二年十月

中島　岳志

引用文献

青木虹二　一九六八『日本労働運動史年表』第一巻、新生社

赤木智弘　二〇〇七『若者を見殺しにする国―私を戦争に向かわせるものは何か』双風舎

朝日平吾　一九一七「青年は此の覚悟を要す」『大民』一九一七年一〇月号

――――　一九二三「旅順下獄記」奥野貫（編）『嗚呼朝日平吾』神田出版社

――――　一九六三「死ノ叫声」『現代史資料（4）―国家主義運動（一）』みすず書房

薄益三　一九二三「余と朝日平吾君の関係に就て」奥野貫（編）『嗚呼朝日平吾』神田出版社

内田良平　一九二三「叙」奥野貫（編）『嗚呼朝日平吾』神田出版社

大川周明　一九六四「訊問調書」『現代史資料（5）―国家主義運動（二）』みすず書房

奥野貫（編）　一九二三『嗚呼朝日平吾』神田出版社

外務省　一九一七　JACAR（アジア歴史資料センター）Ref. B03040645700「雑誌『大

民』発売禁止ノ件」大正六年一〇月六日（外務省外交史料館）

北一輝　一九五九「国家改造案原理大綱」『北一輝著作集Ⅱ』みすず書房

―――　一九八四「朝日平吾霊前への書翰」『北一輝著作集Ⅲ』第三版、みすず書房

朽木寒三　一九八一『馬賊天鬼将軍伝』（正・続）、徳間書店

久保蘇堂　一九二二「刺客朝日の参籠せる富士の裾野の大石寺―注目すべき思想変化の経程」奥野貫（編）『嗚呼朝日平吾』神田出版社

黒龍会編　一九六六『東亜先覚志士記伝』（下）、原書房

小林勇　一九六三『惜櫟荘主人―一つの岩波茂雄伝』岩波書店

参謀本部（編）　一九一六『大正三年日独戦史』（下）、東京偕行社

篠崎嘉郎　一九三二『満州と相生由太郎』福昌公司互敬会

宗教病院大日本救世館　一八九一『宗教病院大日本救世館設立之趣意』宗教病院大日本救世館

高橋正衛　一九六三「資料解説」『現代史資料（4）―国家主義運動（一）』みすず書房

―――　一九六四「国家主義者の世界―採訪ノートより」『現代史資料月報』（『現代史資料（5）』の付録）、みすず書房

高畠素之　一九二二『幻滅者の社会観』大鐙閣

辻潤　一九八三「『金』を読んで（書翰）」『宮嶋資夫著作集・月報5（第5巻付

録）』慶友社

徳富蘇峰　一九二二　「野史亭独語」奥野貫（編）『嗚呼朝日平吾』神田出版社

中岡艮一　一九三四　『鉄窓十三年』近代書房

西岡竹次郎伝記編纂会　一九六五　『伝記西岡竹次郎』（上）、西岡竹次郎伝記編纂刊行会

橋川文三　一九九四　「昭和超国家主義の諸相」『昭和ナショナリズムの諸相』名古屋大学出版会

――　二〇〇七　『昭和維新試論』ちくま学芸文庫

畠山宗明　二〇〇三　「薄益三『蒙古横断』をめぐって」『演劇研究センター紀要』1

堀江亨、松山薫、高橋幹夫　二〇〇二　『日本の近現代における都市集住形態としての下宿屋の実証研究―東京・本郷・「本郷館」をケース・スタディとして』第一住宅建設協会

松本健一　二〇〇四　『評伝北一輝Ⅲ―中国ナショナリズムのただなかへ』岩波書店

満川亀太郎　二〇〇四　『三国干渉以後』論創社

宮嶋資夫　一九八三　『宮嶋資夫著作集・第5巻』慶友社

森田五一　一九二二　「私の安田事件観」奥野貫（編）『嗚呼朝日平吾』神田出版社

吉野作造　一九九五　「宮島資夫君の『金』を読む」『吉野作造選集12』岩波書店
渡辺龍策　一九八七　『馬賊頭目列伝』徳間文庫

本作品中に引用された文章の中には今日の観点からは明らかに差別的表現ととれる箇所がありますが、歴史的背景に鑑み、原文に忠実な引用としたことをお断りいたします。

（新潮文庫編集部）

この作品は二〇〇九年九月『朝日平吾の鬱屈』として筑摩書房から刊行された。文庫化にあたり、加筆修正を行い、改題した。

川名壮志著

謝るなら、いつでもおいで

—佐世保小六女児同級生殺害事件—

11歳。人を殺しても罪にはならない。だが愛する者を奪われた事実は消えない。残された者それぞれの人生を丹念に追う再生の物語。

神田松之丞著
聞き手杉江松恋

絶滅危惧職、講談師を生きる

彼はなぜ、滅びかけの芸を志したのか——今、最もチケットの取れない講談師が大名跡を復活させるまでを、自ら語った革命的芸道論。

角幡唯介著

漂　流

37日間海上を漂流し、奇跡的に生還しながらふたたび漁に出ていった漁師。その壮絶な生き様を描き尽くした超弩級ノンフィクション。

木田　元著

反哲学入門

なぜ日本人は哲学に理解しづらいという印象を持つのだろうか。いわゆる西洋哲学を根本から見直す反哲学。その真髄を説いた名著。

隈　研吾著

建築家、走る

世界中から依頼が殺到する建築家は、悩みながらも疾走する——時代に挑戦し続ける著者が語り尽くしたユニークな自伝的建築論。

黒田龍之助著

物語を忘れた外国語

『犬神家の一族』を英語で楽しみ、『細雪』のロシア人一家を探偵ばりに推理。言語学者にして名エッセイストが外国語の扉を開く。

国分拓著

ヤノマミ

大宅壮一ノンフィクション賞受賞

僕たちは深い森の中で、ひたすら耳を澄ました――。アマゾンで、今なお原初の暮らしを営む先住民との１５０日間もの同居の記録。

小島秀夫著

創作する遺伝子

―僕が愛したMEME《ミーム》たち―

人気ゲーム「メタルギア ソリッド」シリーズ、『DEATH STRANDING』を生んだ天才ゲームクリエイターが語る創作の根幹と物語への愛。

近藤雄生著

吃音

―伝えられないもどかしさ―

話したい言葉がはっきりあるのに、その通りに声が出てこない。当事者である著者が問題に正面から向き合った魂のノンフィクション。

小泉今日子著

黄色いマンション 黒い猫

思春期、家族のこと、デビューのきっかけ、秘密の恋、もう二度と会えない大切なひとたち……今だから書けることを詰め込みました。

國分功一郎著

暇と退屈の倫理学

紀伊國屋じんぶん大賞受賞

暇とは何か。人間はなぜ退屈するのか。スピノザ、ハイデッガー、ニーチェら先人たちの教えを読み解きどう生きるべきかを思索する。

小林快次著

恐竜まみれ

―発掘現場は今日も命がけ―

カムイサウルス――日本初の恐竜全身骨格はこうして発見された。世界で知られる恐竜研究者が描く、情熱と興奮の発掘記。

小松貴著

昆虫学者はやめられない

〝化学兵器〟を搭載したゴミムシ、メスにプレゼントを贈るクモなど驚きに満ちた虫たちの世界を、気鋭の研究者が軽快に描き出す。

最相葉月著

セラピスト

心の病はどのように治るのか。河合隼雄と中井久夫、二つの巨星を見つめ、治療のあり方に迫る。現代人必読の傑作ドキュメンタリー。

佐藤優著

生き抜くためのドストエフスキー入門
—「五大長編」集中講義—

国際政治を読み解き、ビジネスで生き残るために。最高の水先案内人による現代人のための「使える」ドストエフスキー入門。

椎名誠著

ぼくがいま、死について思うこと

うつ、不眠、大事故。思えば、ずいぶん危ういときもあった——。シーナ69歳、幾多の別れを経て、はじめて真剣に〈死〉と向き合う。

清水潔著

桶川ストーカー殺人事件 遺言

「詩織は小松と警察に殺されたんです……」悲痛な叫びに答え、ひとりの週刊誌記者が真相を暴いた。事件ノンフィクションの金字塔。

清水潔著

殺人犯はそこにいる
—隠蔽された北関東連続幼女誘拐殺人事件—
新潮ドキュメント賞・日本推理作家協会賞受賞

5人の少女が姿を消した。冤罪「足利事件」の背後に潜む司法の闇。「調査報道のバイブル」と絶賛された事件ノンフィクション。

千松信也著

ぼくは猟師になった

山をまわり、シカ、イノシシの気配を探る。ワナにかける。捌いて、食う。33歳のワナ猟師が京都の山から見つめた生と自然の記録。

檀ふみ著

父の縁側、私の書斎

煩わしくも、いとおしい。それが幸せな記憶の染み付いた私の家。住まいをめぐる様々な想いと、父一雄への思慕に溢れたエッセイ。

髙橋秀実著

「弱くても勝てます」

—開成高校野球部のセオリー—

ミズノスポーツライター賞優秀賞受賞

独創的な監督と下手でも生真面目に野球に取り組む、超進学校の選手たち。思わず爆笑、読んで納得の傑作ノンフィクション！

田嶋陽子著

愛という名の支配

私らしく自由に生きるために、腹の底からしぼりだしたもの——それが私のフェミニズム。すべての女性に勇気を与える先駆的名著。

高野秀行著

謎のアジア納豆

—そして帰ってきた〈日本納豆〉—

納豆を食べるのは我々だけではなかった！タイ、ミャンマー、ネパール、中国。知的で美味しくて壮大な、納豆をめぐる大冒険！

筑波昭著

津山三十人殺し

—日本犯罪史上空前の惨劇—

男は三十人を鏖り殺した、しかも一夜のうちに——。昭和十三年、岡山県内で起きた惨劇を詳細に追った不朽の事件ノンフィクション。

寺山修司著

両手いっぱいの言葉
―413のアフォリズム―

言葉と発想の錬金術師ならでは、毒と諧謔の合金のような寸鉄の章句たち。鬼才のエッセンスがそのまま凝縮された413言をこの一冊に。

出口治明著

「働き方」の教科書
―人生と仕事とお金の基本―

今いる場所で懸命に試行錯誤する。でも仕事が人生のすべてじゃない。仕事と人生を楽しむ達人が若者に語る、大切ないくつかのこと。

西村淳著

面白南極料理人

第38次越冬隊として8人の仲間と暮した抱腹絶倒の毎日を、詳細に、いい加減に報告する南極日記。日本でも役立つ南極料理レシピ付。

二宮敦人著

最後の秘境　東京藝大
―天才たちのカオスな日常―

東京藝術大学――入試倍率は東大の約三倍、けれど卒業後は行方不明者多数？　謎に包まれた東京藝大の日常に迫る抱腹絶倒の探訪記。

橋本治著

「三島由紀夫」とはなにものだったのか

三島の内部に謎はない。謎は外部との接点にある――。諸作品の精緻な読み込みから明らかになる、〝天才作家〟への新たな視点。

ブレイディみかこ著

ぼくはイエローでホワイトで、ちょっとブルー
Yahoo!ニュース｜本屋大賞ノンフィクション本大賞受賞

現代社会の縮図のようなぼくのスクールライフは、毎日が事件の連続。笑って、考えて、最後はホロリ。社会現象となった大ヒット作。

テロルの原《げん》点《てん》

安田善次郎暗殺事件

新潮文庫　な-66-3

令和五年二月一日発行

著者　中《なか》島《じま》岳《たけ》志《し》

発行者　佐藤隆信

発行所　株式会社 新潮社

郵便番号　一六二―八七一一
東京都新宿区矢来町七一
電話　編集部(〇三)三二六六―五四四〇
　　　読者係(〇三)三二六六―五一一一
https://www.shinchosha.co.jp

価格はカバーに表示してあります。

乱丁・落丁本は、ご面倒ですが小社読者係宛ご送付ください。送料小社負担にてお取替えいたします。

印刷・三晃印刷株式会社　製本・株式会社植木製本所

ISBN978-4-10-136573-2 C0195